BESTSELLER

Jesús Flores y Escalante nació en la ciudad de Puebla. Desde muy joven, publicó sus escritos sobre cultura popular en diversas revistas. Realizó guiones, investigación y asesoría musical para distintos programas radiofónicos —además de haber sido comentarista, director general de XEQ y director artístico de XEW—. Publicó en los principales diarios del país y fue corresponsal del periódico *Horizontes* en San Francisco, California. De su incansable labor como investigador han surgido los libros *Chingalistlán* (un ensayo sobre el mestizaje), *Salón México. Historia documental y gráfica del danzón en México* y, en conjunto con Pablo Dueñas, *Cirilo Marmolejo. Historia del mariachi en la Ciudad de México.* Fue cofundador de la Asociación Mexicana de Estudios Fonográficos, A. C.

JESÚS FLORES Y ESCALANTE

Nuestro mero mole
Breve historia de la comida mexicana

DEBOLS!LLO

Nuestro mero mole
Breve historia de la comida mexicana

Primera edición en Debolsillo: marzo, 2003
(Publicado originalmente con el título *Breve historia de la comida mexicana*)
Segunda edición: marzo, 2013

D. R. © 1994, 2012, Jesus Flores y Escalante

D. R. © 2013, derechos de edición mundiales en lengua castellana:
      Random House Mondadori, S. A. de C. V.
      Av. Homero núm. 544, colonia Chapultepec Morales,
      Delegación Miguel Hidalgo, C.P. 11570, México, D.F.

www.megustaleer.com.mx

Comentarios sobre la edición y el contenido de este libro a:
megustaleer@rhmx.com.mx

ISBN 978-607-311-467-7

Impreso en México / *Printed in Mexico*

Índice general

El mestizaje culinario

Colonia y virreinato

LOS MODOS Y ALGUNOS ROSTROS
DE LA COMIDA MEXICANA

LA TORTA Y EL TACO: SÚMMUM DEL NACIONALISMO
GASTRONÓMICO POPULAR

PUEBLA DE LOS GUISOS, LOS MOLES,
LAS VERBENAS, LAS CAZUELAS, LOS DULCES,
EL PAN Y EL ROMPOPE

Al soldado cronista Bernal Díaz del Castillo

A manera de prólogo

Bernal Díaz, el historiador de la Conquista, con sus asombrados ojos vio maravillado la magia, el color y las cosas de esta tierra, donde ellos, intrusos soldados de fortuna, "fijos hidalgos",[1] y unos cuantos "un poco latinos",[2] como Hernán Cortés, irrumpieron en un mundo ni siquiera soñado por "Amadís de Gaula"[3] o relatado por San Balandrano,[4] mundo extraño que Díaz relató a su modo, especialmente en lo que a comida y productos de la tierra se refería:

> [...] fuimos al Tatelulco.[5] Iban muchos caciques que Montezuma envió para que nos acompañasen; y desde que llegamos a la gran plaza, que se dice el Tatelulco, como no habíamos visto tal cosa, quedamos admirados de la multitud de gente y mercaderías que en ella había y del gran concierto y regimiento que en todo tenían. Y los principales que iban con nosotros nos lo iban mostrando; cada género de mercaderías estaban por sí y tenían situados y señalados sus asientos. Co-

menzamos por los mercaderes de oro y plata y piedras ricas y plumas y mantas y cosas labradas, y otras mercaderías de indios esclavos y esclavas; digo que traían tantos de ellos a vender aquella gran plaza como traen los portugueses los negros de Guinea, y traíanlos atados a unas varas largas con colleras a los pescuezos, por que no se les huyesen, y otros dejaban sueltos. Luego estaban otros mercaderes que vendían ropa más basta y algodón y cosas de hilo torcido, y cacahuateros que vendían cacao, y de esta manera estaban cuantos géneros de mercaderías hay en toda la Nueva España, puesto por su concierto de la manera que hay en mi tierra, que es Medina del Campo,[6] donde se hacen las ferias, que en cada calle están sus mercaderías, por sí, así estaban en esta gran plaza, y los que vendían mantas de *henequén* y sogas y *cotaras*, que son los zapatos[7] que calzan y hacen del mismo árbol, y raíces muy dulces cocidas, y otras rebusterías, que sacan del mismo árbol, todo estaba en una parte de la plaza en su lugar señalado; y cueros de tigres, de leones y de nutrias, de adives y venados y de otras alimañas, tejones y gatos monteses, de ellos adobados, y otros sin adobar, estaban en otra parte, y otros géneros de cosas y mercaderías.

Pasemos adelante y digamos de los que vendían frijoles y chía y otras legumbres y yerbas a otra parte. Vimos que vendían gallinas, gallos de papada, conejos, liebres, venados y anadones, perrillos y otras cosas de este arte, a su parte de la plaza. Digamos de las fruteras, de las que vendían cosas cocidas, *mazamorreras* y malcocinado, también a su parte. Pues todo género de loza, hecha de mil maneras, desde tinajas grandes y jarrillos chicos, que estaban por sí aparte; y también los que vendía miel y melcochas y otras golosinas que hacían como nuégados. Pues los que vendían madera, tablas, cunas y vigas y tajos y bancos, todo por sí. Vamos a los que vendían leña, ocote y otras cosas de esta manera. Que quieren más que diga que, hablando con acato, también vendían muchas canoas llenas de yenda[8] de hombres, que tenían en los esteros cerca de la plaza, y esto era para hacer sal o para curtir cueros, que sin ella dicen que no se hacía buena. Bien tengo ropa más entendido que algunos señores se reirán de esto; pues digo que es así, más digo que tenían por costumbres que en todos los caminos tenían hechos de cañas o paja o yerba, porque no los viesen los que pasasen por ellos; allí se metían si tenían ganas de purgar los vientres, por que no se les perdiese aquella suciedad. Para qué gasto yo tantas palabras de lo que vendían en aquella gran plaza, por que es para no acabar tan presto de contar por menudo todas las cosas, sino que papel, que en estas tierras llaman *amal*,[9] y unos cañutos de olores con liquidámbar, llenos de tabaco, y otros ungüentos amarillos y cosas de este arte vendían por sí; y vendían mucha grana debajo los portales que estaban en aquella gran plaza. Había muchos herbolarios y mercaderías de otra manera; y tenían allí sus casas, adonde juzgaban, tres jueces y otros como alguaciles ejecutores que miraban las mercaderías. Olvidado se me había la sal y los que hacían navajas de pedernal, y de cómo las sacaban de la misma piedra. Pues pescaderas y otros que vendían unos panecillos que hacen de una como lama que cogen de aquella gran laguna, que se cuaja y hacen panes de ello que tienen un sabor a manera de queso; y vendían hachas de latón y cobre y estaño, y jícaras, y unos jarros muy pintados, de madera hechos.

Ya querría haber acabado de decir todas las cosas que allí se vendían, porque eran tantas de diversas calidades, que para que lo acabáramos de ver e inquirir que como la gran plaza estaba llena de tanta gente y toda cercada de portales, en dos días no se viera todo. Y fuimos al gran *cu*,[10] y ya que íbamos cerca de sus grandes patios, y antes de salir de la misma plaza estaban muchos otros mercaderes, que, según dijeron, eran los que traían a vender oro en granos como lo sacan de las minas, metido el oro en unos canutillos delgados de los de ansarones de la tierra, y así blancos porque se pareciese el oro por defuera; y por largor y gordor de los canutillos tenían entre ellos su cuenta qué tantas mantas o qué *xiquipiles*[11] de cacao valía, o qué esclavos u otra cualesquiera cosas a que lo trocaban [...]

[Extracto de *Historia verdadera de la conquista de la Nueva España*, de Bernal Díaz del Castillo. Ed. Porrúa, 1955. México, D. F. Notas del autor.]

Notas

1. Se refiere a los "hijos de hidalgo".
2. A los estudiantes de gramática de la Universidad de Salamanca se les llamaba "latinos". Díaz del Castillo de continuo en su *Historia verdadera*... cataloga a Cortés como "un poco latino", lo que quiere decir que era "medio estudiado". Por otra parte Cortés nació "hidalgo".
3. Amadís de Gaula es una conocidísima novela de caballería del siglo XVI; atribuida a Garci Ordóñez de Montalvo casi a finales del siglo anterior, fue del gusto personal de Miguel de Cervantes Saavedra.
4. Cibola o Cibolaín, fue una mítica isla buscada, al igual que las Siete Ciudades, por los navegantes castellanos y portugueses de los siglos XI hasta el XVI. San Balandrán a su vez fue un fraile irlandés que a partir de una narración desmesurada creó la leyenda de dicha isla.
5. Se refiere a la isla de Tlaltelolco o Tlatelolco, cuyo nombre en náhuatl viene de *tlaltetelli*: montón de tierra.
6. Ésta es una histórica ciudad española de gran importancia comercial, contrariamente a Extremadura donde nacieron casi todos los adelantados y conquistadores españoles.
7. En realidad estos zapatos se llamaban "cacles", de la palabra *cactli*: calzado.
8. Yenda es materia fecal, que a los indios sirvió como abono para el cultivo de los chilares y otros labrantíos en ausencia de excremento de reses.
9. Se refiere al amate o *ámatl*: árbol del papel; especie de higuera de la familia de las moráceas.
10. *Cu*: pirámide o adoratorio. La voz no es náhuatl, más bien mayo, pero degenerada por los españoles.
11. Xiquipil o Chipiquil. Ésta era una bolsa que contenía semillas de cacao o diversos objetos. En forma numeral es igual a ocho mil o a 20×400.

Introducción

Desde el nacimiento de las primeras culturas prehispánicas, los nativos de América tuvieron la oportunidad de ligar todos sus acontecimientos con la música. Ésta, en su fase indígena, se dio con una primitiva escala pentafónica y con el uso de instrumentos de percusión, entre los cuales se mezclaron utensilios de barro, como ocarinas, flautas, silbatos y algunos raspadores de hueso, ligándose con algunos cantos y poesías que dieron a su interpretación una característica de incipiente canción; durante la Conquista, la presencia de algunos músicos, atabaleros (tamboreros) y tañedores de vihuela creó entre los naturales otro concepto de interpretar la música. Ya en la etapa de la Colonia, las escuelas para indios fundadas en Tlatelolco y Texcoco dieron oportunidad a los naturales de conocer la música ejecutada por medio de pauta y ya interpretada con instrumentos de factura europea: trompas, sacabuches, flautas, vihuelas, etcétera.

Durante los dos primeros siglos del coloniaje, el indio y el mestizo estuvieron supeditados a las prohibiciones virreinales e inquisitoriales. Pero aun con ello, el "naciente mexicano" fue estructurando ya lo que más tarde sería su música popular, nacida de la fusión hispanoindígena en lugares de gran afluencia como mercados, figones, posadas, mesones y pulquerías, que resultaron sitios idóneos para la evolución de ciertos bailes, cantos y canciones que poco a poco corporeizaron la música nacional, música con amplia influencia de sonidos indígenas, africanos y con marcadas células rítmicas de origen español. Y para que esta música, ya en vías de independencia, pudiera ostentar su denominativo mexicano, tuvo que pasar, durante los primeros años del siglo XVIII, por el tamiz serio de los músicos de escuela, para retornar después a su origen: el pueblo.

Todos estos primeros intentos nacieron de entre la población mestiza, ocupando la mayor de las veces el entorno de la fiesta popular o patronal, así como el ruido de los mercados y la alegría "mediatizada" de fondas, figones y pulquerías, donde estos "léperos" tuvieron oportunidad del desfogue por medio de sus bailes y paraos, donde el jarabe y otras formas musicales pulularon entre res y sabores de platillos y comidas, también forjadas en el yunque del largo mestizaje a que toda nuestra mexicanidad estuvo sometida.

Sin embargo, todo esto no hubiese sido posible en su totalidad sin la participación de los productos naturales de esta tierra, así como los provenientes de otros lugares del orbe, que las naves españolas traerían al Nuevo Mundo para después acrisolar nuestra identidad culinaria en las cuatro paredes de los figones y las cocinas hispanoindígenas.

Jesús Flores y Escalante
Ciudad de Puebla, noviembre de 1993

Comienza
la
historia

El portento de la tierra

Cuando en la Europa del siglo XVIII se analizaba el desarrollo de los "indios" y mestizos americanos a través de los
enciclopedistas, los científicos y los filósofos del Siglo de
las Luces, algunos de ellos acertaron en sus múltiples con-
sideraciones, pero donde sí cometieron yerro fue en la de-
ductiva sobre la "evolución de la naturaleza, concluyendo
que en América no había pasado el suficiente tiempo para
un completo desarrollo". Así, los conceptos del Conde de
Buffon Jorge Luis Leclerc, Francisco María Arouet "Voltai-
re", Juan Jacobo Rousseau, Guillermo Robertson y muchos
otros, al respecto, fueron aventurados y carentes de un
mayor análisis científico y filosófico, si tomamos en cuenta
los diversos "regalos" que hasta aquellos años había hecho
el continente americano a los países del Viejo Mundo.
Regalos no sólo de la tierra, sino también de otros renglones del conocimiento humano. Enumerar una lista completa con todas estas dádivas sería engorroso, pero terminar-
ría desmintiendo dichas aseveraciones que incluso otros
tantos siguen pregonando sobre la evolución física, social,

moral, intelectual, económica, política y científica de nuestro país.

En cambio, basta con tan sólo enlistar algunos productos de la tierra americana y de México, que hasta la fecha enriquecen la economía y alimentación de países que nunca hubieran "evolucionado" sus industrias y sus mesas sin el descubrimiento de América en 1492. Obra biológica y social que durante los lapsos pre y poscolombinos se encontraba ya bien definida por la naturaleza de esta tierra pródiga, mágica y productora de milagros materiales que sus primeros habitantes modificaron de acuerdo con sus necesidades y que con el paso de los siglos supieron aglutinar en portentosas culturas que hoy, pese a los adelantos científicos, no se han dilucidado en su totalidad; hechos que hablan de la "no inferioridad" biológica de sus habitantes, planteada por la ciencia rococó del siglo XVIII y también de productos de la tierra que en su momento llenaron las exhaustas alacenas, los graneros y las incipientes y casi trogloditas mesas del Viejo Mundo.

EL MAÍZ

Se dice que esta planta gramínea apareció en forma silvestre en las tierras húmedas de Sudamérica, aunque también se le ha encontrado en Centroamérica; sin embargo, fue en el Valle de Coxcatlán, Tehuacán, en el estado de Puebla, donde sus primitivos habitantes la hibridizaron a partir de zacates salvajes, lo que nos impone una reflexión sobre los conocimientos genéticos de los indios en esta rama, partiendo de tres formas de zacates: el *teocintle,* el *tripsacum* y el propio maíz (voz antillana), cuyo nombre náhuatl es *tlaolli,* que significa grano curado y seco. De hecho, continuas migraciones llevaron este producto hasta el Perú y otros lugares de la región austral, por lo que se convirtió en alimento básico de pueblos establecidos desde las actuales tierras del sur de Estados Unidos hasta Argentina.

La posesión del maíz entre las tribus aborígenes del continente las convirtió de simples nómadas recolectoras y cazadoras, en sedentarias, desarrollando una particular tecnología agrícola que de inmediato propició la producción de cerámica, "las artes, los oficios y posteriormente las ciencias. En total lo que se ha llamado civilización", de acuerdo con lo que Jorge Segura Millán propone en su libro *Diorama de los mexicanos.* Más tarde, el aprovechamiento del grano, junto con otros productos como el pulque, propició entre los indígenas el nacimiento de una concepción teogónica que encontraron vigente los españoles durante la Conquista, religiosidad que fundamentó también el hallazgo del movimiento solar y, por lógica, el momento propicio para la siembra, uno de los importantes sincretismos hispanoindígenas correlacionado con la celebración de la Santa Cruz, el 3 de mayo, fecha coincidente con la caída de las primeras lluvias.

Entonces, a partir del maíz, se produjo la primera importante base alimentaria del mexicano, del cual existen diversas formas: tortilla, atole (*totonquia tulli*), totopoxte, pinole, elote tierno, tlatlaoyo o tlacoyo (de *tlatlaolli,* maíz molido y la desinencia *ye* o *yo,* que tiene), tamales, zacahuil, pozole, chicha (*chichíatl:* agua agria fermentada), ezquite (*izquitl*), etcétera, procesos tradicionales que perduran casi intactos en su forma indígena original y conviven, en algunos casos con la adquisición de productos proporcionados por la secuela de más de quinientos años del coloniaje europeo. Algunos otros derivados del maíz, como por ejemplo el *cuitlacoche* o huitlacoche (de *cuítlal*, mierda, y *cochi*, dormir): granos de la mazorca de maíz degenerada por el efecto de un hongo llamado *Ustilago maydis*, altamente apreciado por el mexicano y en últimas décadas por prestigiados cocineros y restaurantes internacionales; está también el chileatole (bebida de atole de maíz con chile) y otras bebidas de fuerte consistencia alcohólica, como el tesgüino (corrupción de *tecuín* o *tecuino*), oriundo de Jalisco, Nayarit y Chihuahua, así como el zendecho y el yorique, que desde tiempos inmemoriales fungen entre los indios como elementos de embriaguez ritual. Por último, está la utilización de la caña del maíz o *milohuate* para una especie de chicha donde se emplea únicamente el tallo cuando aún no madura la mazorca; existe también el uso de las hojas para envolver los tamales, el queso y la miel de tuna, las verduras, las carnes y los pescados al vapor de horno o *barbacoa* (voz de origen caribe que significa "zarzo" o "andamio con puntales", misma palabra que existe documentada desde 1518, en la *Colección de documentos inéditos del Archivo de Indias*. Madrid, 1864); además, hojas que también sirven para techar habitaciones, o como capa para protección de la lluvia, y finalmente, junto con el olote, de combustible. Santificada planta que con justicia ha provocado la instauración en América de "la cultura del maíz" y de cuyos granos, a partir del *nixtamal* (cocimiento del maíz con agua, cal o ceniza llamado *nejayote,* de *nextli,* ceniza, y *áyoh,* cosa aguada), se obtiene el alimento otorgado por Xilónen y Centeotl a los pueblos nahoas, así como también la corporeización de la vida material del hombre de la cuarta etapa creativa de la cosmogonía maya quiché, dando vida a la "humanidad: del espíritu y naturaleza misma del maíz", que el Popol Vuh narra:

> Poco faltaba para que el Sol, la Luna y las estrellas aparecieran sobre los Creadores y Formadores.
>
> De Paxil, de Cayalá, así llamados vinieron las mazorcas amarillas y las mazorcas blancas.
>
> Éstos son los nombres de los animales que trajeron la comida: Yac (el gato del monte), Utiú (el coyote), Quel (una cotorra vulgarmente llamada chocoyo) y Hoh (el cuervo). Estos cuatro animales les dieron las noticias de las mazorcas amarillas y las mazorcas blancas, les dijeron que fueran a Paxil, les enseñaron el camino a Paxil.
>
> Y así encontraron la comida y ésta fue la que entró en el cuerpo del hombre creado, del hombre formado; ésta fue su sangre, de ésta se hizo la sangre del hombre. Así entró el maíz (en la formación del hombre) por obra de los progenitores.
>
> [Tercera parte. Capítulo primero del *Popol Vuh*]

Así, a partir de la creación del hombre, según los pueblos indígenas, su supervivencia social y religiosa dependió del maíz o *centli,* historial que se remonta hasta nuestros días cuando ya la nación acrisolada en el mestizaje

sigue detentando el "grano divino" como elemento fundamental de su cultura alimenticia y culinaria.

DEL PEREGRINO MAÍZ AL RECETARIO POPULAR

Muchos son los productos culinarios, entre bebidas, comidas y postres, que el maíz ha propiciado en México a partir
de su aparición hace más de veintidós mil años, que abar-
can desde el poblamiento del continente hasta nuestros
días; formas que la cultura popular ha conservado con
nombres, maneras, estilos y características diferentes, según el lugar a que corresponda. De esta manera, tenemos
muchos guisos, entre los que destacan el cuitlacoche con
elote, chiles verdes y calabacitas; el pozole de milpa, los
tlacoyos, los ezquites, la sopa de tortilla, los sopes, el tim-
bal a la mexicana, tostadas a la mexicana, flautas de barbacoa, chilaquiles, atoles blancos con frutas o semillas y el
consabido champurrado; el elote con calabacitas y pipicha; el tamal de cazuela, con mole poblano, salsa verde o
con mole negro oaxaqueño; los papatzules, los bocoles, las
gorditas veracruzanas (de frijol o piloncillo), las chalupas,
los molotes, las infinitas formas del taco, los tamales y los
dulces de elote, los tamales de ceniza (también llamados
corundas), los ezquites de ponte duro, con piloncillo y
miel; el dulce y los alfajores de elote, las enfrijoladas y, entre tantos otros platillos, el chileatole y los envueltos o enchiladas de todo tipo. Recetas todas que definen la importancia del sagrado teocintle entre los mexicanos, ungidos
de su sustancia primordial.

El oro se hace semilla,
la semilla semillero:
sácale semilla al oro,
que semilla es lo que quiero.

[Extracto de las *Coplas del Toro*. Dominio popular]

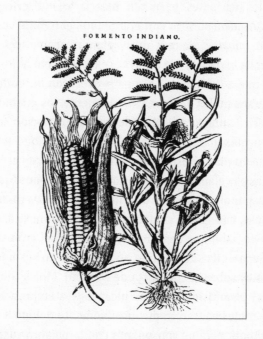

El maíz representó para la cultura americana una importante fase de desarrollo social y económico. El maíz finalmente fue el responsable de la magnífica "mesa mexicana", que se nutrió por siglos de fórmulas y mezclas supeditadas a este maravilloso grano. Gráfica de Giorgio Liberale, para ilustrar el libro de Mattioli. Tomada de "Alimentos remedios y placeres", de *Breve Historia de los productos mexicanos en Italia*, obra de Rosa Casanova y Marco Bellingeri. INAH/OEA, México, 1988.

El chile

El chile proviene de la solanácea mexicana *capsicum annum* (otros pertenecen a la especie arbustiva *fratescens*), de mayor cultivo y consumo en México, y se utiliza como condimento en casi todos los alimentos del país, ya que sus múltiples variantes permiten mezclarlo indiscriminadamente. Al incorporarlo con el jitomate, el tomate verde, el guaje o *huaxi* y algunas otras plantas aromáticas como el epazote, el pápalo y la pipicha, se dio el nacimiento de las salsas, que adicionándoles agua provocaron la producción de diversos moles o *mollis*. Originalmente, los pueblos prehispánicos, ante su descubrimiento y aclimatación, lo utilizaron profusamente ligado a la tortilla sin que formara parte de un platillo específico, lo que sucedió con el tiempo y gracias a la elaboración de los moles autóctonos (que quizá los españoles encontraron como desconocida pitanza en las aldeas, caseríos y ciudades del imperio mexica, y que, por quién sabe qué desconocidas razones, el cronista soldado Bernal Díaz del Castillo no relacionó en sus minuciosos anales sobre la conquista de México). Moles (de olla y cazuela) picantísimos, medio picantes y atemporados que los españoles yantaron muy posiblemente debido a que la voz náhuatl *molli* es consonante con la palabra castellana mole y que además significa lo mismo.

Pior es chile y l'agua lejos

Muy posiblemente al experimentar el picor del chile, los castellanos crearon la posterior consigna popular de: "No tenerle miedo al chile, aunque sea colorado", pensando en su acendrado machismo peninsular, que desde el principio los indios captaron para tornarlo para sí mismos, como muchas cosas españolas.

Incluso hoy día, para degustar el chile en su máxima expresión culinaria "hay que ser bien macho", aunque ello redunde en una grave irritación de las mucosas digestivas: algunos códices en sus ideogramas o glifos descriptivos presentan una lengua humana junto con una flecha. Por otro lado, el uso generalizado de esta planta y fruto provocó los nombres de algunas poblaciones relacionadas con el chile: Chilacachapan, de *apan,* agua, *lacachatl,* langosta, y *chilli;* Chilapan, de *chilli* y *apan,* que literalmente significa en el agua de los chilares; Chiltecpintla, de *chilli,* chile, y *tecpintli,* pulga o chile pequeño, y la terminación *tla*, que significa "lugar de chiles piquines".

Quien come por mano ajena,
a lo que le den se atenga

El chile, como otros productos mexicanos, tampoco fue ajeno a su repatriación en diversos lugares del globo terráqueo después de la Conquista. Cortés, en su primer viaje de vuelta a España, llevó consigo la preciada planta en justificación de las no encontradas especias de la India, inten-

31

tando sustituir ante los ojos reales la preciada y ardiente pimienta con este exótico arbusto. Especiería buscada desde el nacimiento del primer siglo de nuestra era, provocada por la expansión católica hacia Oriente, búsqueda que permitió el descubrimiento de diversas plantas y semillas "sazonadoras" mexicanas que *de facto* revolucionaron la "aldeana" mesa europea, convirtiéndose así estos productos en apreciados y apetecibles aromas y sabores que permitieron la conservación de carnes y embutidos, principalmente, amén de su valor medicinal discreto o feraz *bouquet* en los vinos y bebidas embriagantes, mismos que por su elevado costo fueron desde un principio reservados sólo para reyes y clérigos de alta investidura.

Ennoblecidos con el paso del tiempo, los productos mexicanos enriquecieron la culinaria popular de aquellos pueblos que, a partir de 1528, junto con el azafrán, la pimienta, el clavo, la canela y la nuez moscada, decidieron aceptar con "cierta reticencia" al chile mexicano, que principalmente en las regiones del sur de Italia fue acogido por su disposición de acoplarse con sencillez a cualquier guiso.

Finalmente, el chile se aclimató en casi toda Europa, resultando de algunas hibridaciones el pimiento o pimentón rojo o verde, que es una variante de tantos productos parecidos en el Viejo Mundo, y que no hace mucho, la culinaria mexicana intenta adoptar, especialmente en mesas y guisos de dudoso carácter popular. Este pimiento (lo he bautizado como *annum mariconae),* en lo personal me parece agradable para ciertas mezclas donde no se trate de dar relevancia a la cocina popular mexicana.

Yo soy como el chile verde, llorona…

La gran variedad de chiles existente en México ha permitido la elaboración de innumerables guisos, base fundamental del recetario nacional, mismos que desde nuestro punto de vista se dividen en: encurtidos, moles, salsas, adobos, aderezos (tostado y molido) y su uso inmediato (mordiendo el chile verde), así como su incorporación a ensaladas, ceviches y barbacoas, en forma de las tradicionales rajas: de poblano, cuaresmeño, "chile loco", chilaca, etcétera.

Según el investigador Maximino Martínez, México cuenta con seis principales formas o variedades de cultivo: chile verde o serrano, chile de Chiapas o "piquito de paloma", chile ancho y chile mulato, chile pasilla y guajillo, chile monta y mora grande (chilaile en Veracruz), chile cascabel; chiltepín, piquín, chile pulga o tempenchile, chile de árbol, pertenecientes a la clasificación genérica de las *annum* y respectivamente a las subdivisiones: *acuminatus, conoides, grossum, longum, addreviatum, ceraciforme* y las *frutescens* que clasifica a los chiles pequeños o medianos.

Por su parte, el nahuatlato Luis Cabrera propone otros nombres y variedades que sin clasificación científica anota: chile chamborote, chile chocolate, chile de huerta, chile de relleno, chile dulce, chile guaque, *huaque* o *chilhuaque,* chile largo, chile pasa, chile quemado, chile *ulultle,* chile zambo, chile *chilcoste,* que bien pudieran pertenecer a las variedades propuestas por Martínez, y por último el tornachile: del que constantemente habla Manuel Payno y que pudieran ser el "serrano", el "pico de pájaro" o, quizá, el chipotle meco, que por su picor, rugosidad y manchas

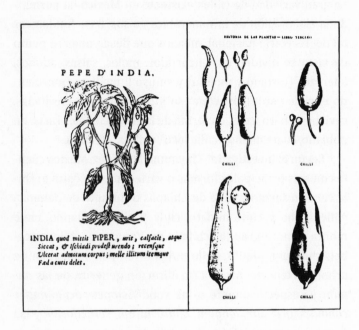

Ilustraciones del chile: la de la izquierda, del "Herborio de Durante", le antepone la palabra "pepe" que quiere decir pimienta, razón por la que al chile en Europa se le llamó "pimiento de Indias", que además de condimentar tenía la virtud de curar úlceras y embellecer el cutis: *ibid.* A la derecha vemos diversas clases de chiles, entre los que destacan el cuaresmeño, el piquín, el serrano, la chilaca, el poblano, el cascabel y el chipotle.

blancas toma ese nombre, chiles estos últimos de uso común, que junto a la tradición culinaria oral y al mestizaje de cosas, gente y productos, ha permitido una variada riqueza de platillos, que durante el siglo XVII culminaron en el barroco y churrigueresco mole poblano.

EL FRIJOL Y LA CALABAZA

El nombre náhuatl de esta planta y fruto (semilla) es *ayocotle,* del cual su fonética española derivó en ayocote (que ya no se refiere al frijol convencional en sí, sino a una especie más grande y gorda). La voz "frijol" nació en Italia llamándosele "fiesole" y en Francia "haricots", donde su fonética fue casi respetada al bautizarlos así al inicio del siglo XVI, poco después de haber sido llevados por Colón a España, de donde ya después aparecen en otros lugares de Europa, alrededor de 1522. Apreciados por la familia Médicis, muchos nobles siguieron su práctica y difusión. Como cultivo prodigioso proliferó, al grado de que Gastón Leclerc aclaró en su obra *Les legumes de France* que la voz "haricot" proviene de la etimología náhuatl *ayocotl,* de *ayacotli* o *ayocotli.*

La generalización del consumo de frijol en Europa se debió principalmente a su capacidad de adaptación y crecimiento en diferentes climas, especialmente en los elevados, húmedos y fríos, pero más que nada, al consumo de algunos países europeos, entre ellos Francia, que en 1575 sufrió gran escasez de su grano tradicional, el trigo, lo cual produjo carestía y hambruna sin precedentes, y si algo los pudo salvar de la fatalidad fue el mexicano ayocote o frijol, milagro que también en diferentes épocas lograron la papa y el maíz, productos tantas veces desdeñados en el Viejo Mundo "por ser venenosos y producir enfermedades". Múltiples fueron los nombres dados en Europa a los sencillos ayocotes mexicanos: *paseolus, lunatus coccineus, acutifolios, calcaratus, angularis, vayós, fagiuoli, fasiolos, fresol, frijon, judía, phasioli, vicia, vigna, canavalia, dolichos, cajanus* y *soja*, que a su vez los ingleses bautizaron como *beans*, en honor a un insecto parecido al frijol llamado *bean weevil*.

Perteneciente a la familia de las leguminosas y a la subdivisión de las papilionoideas, el frijol ha estado presente en la dieta y la economía de los mexicanos desde tiempo inmemorial, aglutinando desde su aparición y cultivo otra parte importante de la cultura alimentaria y gastronómica del mexicano, que lo ha sabido combinar, gracias al mestizaje, con todos sus alimentos y gustos manducatorios: frijoles de la olla (parados), con aderezo de epazote, leche, cebolla, cilantro, limón, queso, jitomate, pápalo, carne de puerco y también con diversas salsas picantes; de otro modo: en tamales, enfrijoladas, refritos, quebrados, etcétera.

Son popularmente conocidos algunos tipos de frijol: blanco o alubia, negro (Querétaro y Veracruz), flor de mayo, morado, pinto, canario, ayocote, bayo gordo, amarillo, etcétera. Su siembra, regularmente de temporal, se inicia durante la llegada de las aguas, al igual que el maíz, ligado con el cultivo de la calabaza o *áyotl*, producto éste de gran importancia en la dieta mexicana por su uso como legumbre y también como dulce golosina en sus formas de "calabaza en tacha", "cuachalole", calabazate, etcétera, de la cual una vez seca se aprovechan las semillas o "pepitas", que saladas y tostadas han sido siempre de consumo y gusto popular. Volviendo al uso del frijol, recordemos al "ejote", que es la vaina tierna de esta leguminosa, cuya voz náhuatl viene de *etl* y *xol,* frijol verde. Para finalizar, podríamos asegurar que estos dos productos mexicanos forman, hasta la fecha, parte sustancial de las mesas europeas, africanas y asiáticas. México, su progenitor, es el país donde tiene más usos culinarios. En el aspecto gastronómico, se le encuentra en un sesenta por ciento de platillos que cubren o anteceden a platos fuertes; su uso como botana o antojito es de primer orden.

El jitomate

Satanizado durante mucho tiempo por los europeos, el jitomate es una planta solanácea catalogada como *lycopersycum esculentun, phisalys acquata, phisalys angulata* y *phisalys exocarpa,* esta última a la que pertenece el tomate verde de uso muy popular. El nombre de jitomate proviene del náhuatl, *xictli,* ombligo, y *tómatl,* tomate *(xictómatl),* que literalmente significa tomate con ombligo; existen otras variantes, tales como: jaltomate, jaltenate, costomate y miltomate, de *milli,* milpa, y *tómatl,* tomate.

El jitomate también fue llevado a Europa donde se le bautizó como *aurea poma* (manzana de oro) y *poma amoris* (manzana de amor), fruto que por pertenecer al grupo de las solanáceas a que corresponde una clasificación similar para la producción de fármacos y drogas, dilató en el Viejo Mundo su uso alimenticio, y así los europeos perdieron la posibilidad de disfrutar plenamente este fruto.

Aunque paradójicamente, más tarde enriqueció las cocinas del viejo continente, en especial la mesa italiana de la que me pregunto qué hubiera sido sin el jitomate, y también la culinaria de los españoles que jamás hubiesen tenido la oportunidad de llegar a su popular gazpacho y a otros platillos. Sin embargo, con todos estos devaneos, casi a mediados del siglo XVIII, Europa y gran parte de Italia lo tenían ya por hortaliza de uso común, tanto que Pietro Cirio lo industrializó enlatado, incluyéndose de pronto en los macarrones, los tallarines, el fetuchini, el espagueti, los canelones y otras pastas que se aderezan con este extraordinario condimento o sazonador oriundo de México y América; y por lo que toca a la pasta: regalo de China para un mestizaje *sui géneris* de la comida italiana, llevada por primera vez a Venecia, Nápoles y otros puertos italianos por el viajero veneciano Marco Polo, quien de paso llevó entre su bagaje de productos orientales el gusto por el helado, que tres siglos después se enriqueció más aún con la "bendición" del chocolate y la vainilla mexicanos.

Los italianos piamonteses lo llamaron *pomodoro* y las regiones del sur *pummarola,* los austriacos *paradeis,* los alemanes *liebesapfel* o *goltoaffel;* en latín fue clasificado como *aurea mala.* En fin, llámese jitomate, *pomi d'oro* o *pomi d'amor,*[1] como una dádiva de México al mundo merece degustarse de diversas maneras: ya sea en autóctona salsa mexicana picada, en salsa con chile verde o bien en una ensalada mediterránea con pimienta, cebolla, vinagre y aceite de olivo. Finalmente, los anglosajones redujeron la calidad gastronómica del jitomate a simples e industriales latas de "jugo de tomate".

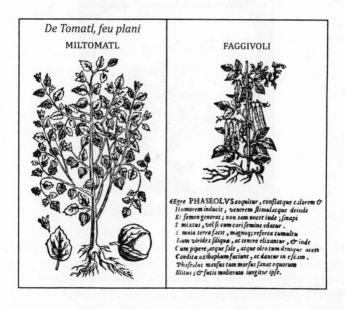

De Tomatl, feu plani
MILTOMATL

FAGGIVOLI

4Egre PHASEOLVS soquitur , conflatque calorem &
Humorem inducit , venerem stimulatque deinde
E: semen generat ; non tam nocet inde ; sinapi
S mixtus , vel si cum cari semine edatur .
S mnia terra facit , magnoq; referta tumultu
Lum virides siliqua , ac tenere elixantur , & inde
Cum pipere ,atque sale , atque oleo tum denique aceto
Condita oxibaphum faciunt , ac dantur in escam .
Phaseolus manfus tum morsus sanat equorum
Illitus ; & fucis mulierum iungitur ipse.

En la izquierda, lámina correspondiente a la obra *El tesoro mexicano*, aparece el dibujo del tomatl (tomate verde), el uso de éste en otros países no es tan popular, pero en México cubre muchas necesidades culinarias, especialmente en salsas y en la elaboración del "pipián" o mole verde. *ibid.*

A la derecha observamos la planta y los ejotes del frijol, llamado "faggivoli" en Europa. Como sabemos, el uso de este producto es de vital importancia hoy día en casi todo el mundo, y es en México un alimento que no debe faltar en las mesas del pueblo. El frijol en el recetario nacional ha creado formas deliciosas, como los "frijoles refritos", los "chinos" y los "maneados", estos últimos con los quesos fundidos logran una mezcla muy especial. Por otro lado, la leguminosa ha incitado frases populares, como ésta que dice: "Yo no como frijoles porque se me agrietan los pies". *ibid.*

POMO D' ORO.

AUREA POMA *valent qua mala insana valere Diximus apta escis hæc sunt agreque coquuntur.*

El *pomo d'oro*, *aurea poma* o jitomate mexicano en una xilografía del libro de C. Durante; llamado en náhuatl *xictómatl*, es conocido en todas partes como tomate rojo, de ahí el nombre que se le diera de manzana de oro o manzana de amor, ligado a ciertos ritos de magia durante el siglo XVI, cuando fue llevado a Europa por Hernán Cortés. *Ibid.*

LA VAINILLA

Sin temor a equivocarme, creo que no existe en el mundo sabor y fragancia que iguale las virtudes de la vainilla, fruto mexicano que desde el siglo XVI puso a los paladares europeos en el umbral de la gloria gustativa después de la canela de Ceylán, producto y "especie" de las indias orientales; a ambos, pese a sus antipodales lugares de origen, la naturaleza los creó para el maridaje sin que cada uno de ellos pierda su tan distinto olor y sabor.

La vainilla es originaria de la Huasteca, de una porción que hoy conocemos como Papantla, en el estado de Veracruz. Fueron los olmecas y posteriormente los huastecas quienes durante siglos cultivaron esta bella orquídea, para que ya en tiempos del imperio mexica formara parte del impuesto pagado por los totonacas al gran *tlatoani* Moctezuma Xocoyotzín. Los olmecas llamaron a esta flor *xanat* o *xanal*, siendo su etimología *tlilxóchitl,* que significa "flor negra"; la voz vainilla nació por comparación inmediata del fruto que los españoles encontraron en la vaina de la flor. El nombre técnico de esta orquídea trepadora es *vainilla planifonia Andrews,* de cuyas vainas maduras se resume un extracto aromático de sabor característico. El investigador Heriberto García Rivas,[2] en su trascendente compendio *Dádivas de México al mundo*, anota: "La Academia de Ciencias Gastronómicas de París realizó un homenaje al 'indio anónimo que arrancó a la naturaleza el secreto de la vainilla', homenaje que fue para México", ya que en efecto nuestro país fue el que obsequió al mundo esta planta entre las múltiples maravillas del descubrimiento que se dio en el siglo XVI.

Durante el siglo XVI, la vainilla, como aroma y saborizante, hizo girar ciento ochenta grados la culinaria europea, cuando los paladares cortesanos apenas se acostumbraban a la degustación de la pimienta, el clavo y la canela mezclada en exiguas infusiones a licores y otras bebidas cotidianas; por supuesto, el alto costo de dichas especias ni por asomo permitió que el grueso del pueblo llegara a conocerlas de inmediato.

Desde su llegada a Europa, la vainilla fue llevada a lugares propicios de aclimatación en África, Asia e incluso en algunos invernaderos de París, como el Jardín Botánico de Lieja, donde desde principios del siglo XIX se cultivó tomando el nombre de *vainille.*

BEBIDA DE LOS DIOSES: EL CHOCOLATE

Por la constante afluencia de la vainilla (orquidácea cultivada en Jicaltepec, población cercana a Nautla, Veracruz, localizada en la ruta Veracruz-Tampico) al Viejo Mundo y con el también continuo tráfico del cacao, los pobladores de allende el mar se encontraron ante una disyuntiva culinaria de grandes proporciones, que sobrepasaba cualquier perspectiva gustativa antes experimentada por sus paladares acostumbrados a sabores fuertes y groseros, por lo que el chocolate aliado con la vainilla, la leche y el azúcar, fue comparado por los gastrónomos Lume de Mirelles y Carlos de Linneo con un "alimento de los dioses", "zumo divino" que dio pauta a la clasificación científica de *teobroma:* de *theos,* dios, y *broma,* alimento.

Las cuentas claras y el chocolate espeso

Este chocolate admirable ya había sido saboreado por Hernán Cortés, cuando se le ofreció fresco en la mesa de Moctezuma, escanciado en bellas copas de oro, práctica que habla de la gran delicadeza y gusto por los bien elaborados alimentos del emperador mexica, y que de tajo pasan a eliminar toda suposición de mala leche, cuando se afirma que el *tlatoani* tenía por costumbre manducar carne humana. Aquí valdría la pena anotar que el sacrificio humano entre los indígenas prehispánicos fue exclusivamente de carácter ritual y sólo efectuado hasta después de "la invasión nórdica de los guerreros mexica", ya que el alto grado de religiosidad y civilización de los pueblos tolteca y maya se los tenía prohibido, o como afirma Jorge Segura Millán: "que nuestros pueblos aborígenes no fueron caníbales, ni por una razón bromatológica tomaron como alimento la carne humana". ¡Vale!

En relación con esto, Bernal Díaz del Castillo (1492-1585), en su *Historia verdadera de la conquista de la Nueva España*, en el capítulo XCI, párrafo tercero, comenta:

Oí decir que le solían guisar (a Moctezuma) carnes de muchachos de poca edad, y, como tenían tantas diversidades de guisados y de tantas cosas, no lo echábamos de ver si era carne humana o de otras cosas, por que cotidianamente le guisaban gallinas, gallos de papada (guajolotes), faisanes, perdices de la tierra, codornices, patos mansos o bravos, venado, puerco de la tierra (jabalí), pajaritos de caña, y palomas y liebres y conejos, y muchas maneras de aves y cosas que se criaban en esta tierra, que son tantas que no las acabaré de nombrar tan presto"

Si observamos detenidamente, el soldado cronista no afirma, sólo comenta "haber oído" que el emperador Moctezuma acostumbraba la carne humana. Y al no haberlo visto

43

ni comprobado esto queda como mera suposición, sospecha que algunos escritores han tomado como artículo de fe, cuando es tan simple, "por método deductivo", concluir que un pueblo que alcanzó el alto nivel culinario del mexica o meshica, según el propio Bernal, no tenía razón alguna para acudir al canibalismo. Cito su propio relato:

En el comer, le tenían sus cocineros sobre treinta maneras de guisados, hechos a su manera y usanza y tenían los puestos en braseros de barro chicos debajo, porque no se enfriasen, y de aquello que el gran Montezuma había de comer guisaban más de trescientos platos, sin más de mil para la gente de guarda y cuando habían de comer salíase Montezuma algunas veces con sus principales y mayordomos y le señalaban cuál guisado era mejor, y de qué aves y cosas estaba guisado [...]

Y después que el gran Montezuma había comido, luego comían todos los de su guarda y otros muchos de los serviciales de la casa, y me parece que sacaban sobre mil platos de aquellos manjares que dicho tengo; pues jarros de cacao con su espuma, como entre mexicanos se hace, más de dos mil, y fruta infinita. Pues para sus mujeres, y criadas, y panaderas, y cacahuateras. ¡Qué gran costo tendría! [...]

[...] también le ponían en la mesa tres cañutos muy pintados y dorados, y dentro tenían liquidámbar revuelto con una hierba que se dice tabaco, y cuando acababa de comer, después que le habían bailado y cantado y alzado la mesa, tomaba el humo de aquellos cañutos, muy poco, y con ello se adormía.

Con estos altivos placeres gastronómicos (que los españoles desconocían) de Moctezuma y del pueblo mexica, ¿habría que acudir al consumo de carne humana? ¡Naturalmente que no!, con más razón si además se contaba con las deliciosas tortillas, tortillas amasadas con huevo, mieles, vinos de la tierra, pulque blanco y curado con frutas; pescados, frutos diversos como los innumerables zapotes, el aguacate, el mamey, la piña, etcétera. Termino este párrafo con palabras propias de Bernal Díaz: "porque Montezuma era aficionado a placeres y cantares".

Con lo anterior, queda como mera hipótesis el canibalismo de Moctezuma dicho por Díaz del Castillo, si además consideramos que muchos de sus pasajes fueron sólo crónicas magnificadas para justificar su presencia como soldado de la Conquista, que de paso corregían la aparición anterior de la obra *Historia general de las Indias* de Francisco López de Gómara,[3] que a juicio de Bernal estaba equivocada. También habría que anotar que *Historia verdadera de la conquista de Nueva España*,[4] de Díaz del Castillo, fue escrita en la ciudad de Guatemala cuando éste tenía 76 años, edad en que por naturaleza se presentan lagunas mentales que se buscan sustituir con conceptos de la propia cosecha. Claro que esto no exime a Bernal de que su obra sea la más valiosa relación de la Conquista.

Volviendo al asunto del chocolate, vemos cómo la concepción divina que los europeos propusieron al fruto del árbol del cacao no es un sincretismo, ni siquiera una coincidencia, puesto que entre los indígenas la planta ya era vista como proporcionada por los dioses y llevada a Tula por Quetzalcóatl, quien propuso que los hombres de la tierra como "hijos del sol" tuvieran oportunidad de alimentarse con sus ricas almendras, que entre otros frutos importantes de la mitología náhuatl estaba sólo reservada para los creadores, argumento por el que superó el valor del oro, convirtiéndose en el más importante motivo de trueque.[5]

Además, el apareamiento del cacao con la vainilla, endulzado con miel de agave, miel de tuna, miel de colmena o azúcar de caña de maíz, diluido en agua fría o caliente, fue bebida de gran capacidad vitamínica entre los pueblos indígenas, independiente a la práctica del *pozol* o *pozole* maya que más bien es un refresco. Dichos brebajes fueron siempre batidos con el molinillo,[6] artefacto que por sus características aglutina a la perfección los diferentes productos, además de provocar una agradable y sabrosa espuma, particularidad del chocolate mexicano que se enriqueció aún más con las leches de vaca y cabra del Viejo Mundo.

Como agua pa' chocolate

La voz chocolate proviene del náhuatl *xócoc*, agrio, y *atl*, agua, que literalmente significa agua agria, si tomamos en cuenta que regularmente el cacao se dejaba agriar; aunque existe una versión de que la voz chocolate nació de la onomatopeya de los sonidos: *choco-choco-choco*, que se producían al batir el cacao, y *late*, corrupción de la palabra batir, acepción un tanto en broma que el doctor Cárdenas explica en su obra, ya que éste es un término náhuatl bastante antiguo. De cualquier forma, otra de sus expresiones apegadas al cacao es *cacáhuatl,* cacao, y *atl,* agua.

Durante la segunda mitad del siglo XVII, María Teresa de Austria, reina consorte de Luis XIV, puso de moda el chocolate en el Viejo Mundo, no de la manera en que hoy se le conoce, sino en forma burda. Ya para los inicios del siglo XIX, en forma más elaborada el holandés Van Hounten lo puso en circulación pulverizado y en tabletas.

Aunque en la voz *xocóatl* o *xocólatl* existen diferencias concernientes a su origen náhuatl o maya, ha pasado a distintos idiomas con mínimas variantes fonéticas: en Italia, Guiseppe Donizelli en su libro *Teatro farmacéutico* lo llama *cioccolata, cioccolata* y *chacolata;* los catalanes *xocolata* o *xacolata,* los franceses *chocolat,* los suecos *choclad,* los húngaros *csokóladé,* los alemanes *schokolade,* los rusos *shokolad,* los holandeses *chocolade* y en maya moderno *chucuá.* Sea como se quiera, el chocolate es un paradisiaco nutrimento o golosina cuyos perfumes, casados con la canela y la vainilla, resultan balsámicos. Tomado en frío o caliente es la suma de la delicadeza. Pasando el tiempo se habría de aglutinar con popular prudencia lo mismo en el barroco mole poblano, que en la rica panadería mexicana, que nosotros conocemos como "pan de dulce", herencia indiscutible del afrancesamiento en que se vio inmersa nuestra nación desde principios del siglo XIX, que el vate zacatecano Ramón López Velarde describió con sabiduría provinciana: "Y por las madrugadas del terruño, en las calles como espejo, se vacía el santo olor a panadería".

Agustín Aragón Leyva ("Apóstol de la flor") en su *Diccionario de la cocina* apunta que, cuando se aposentó en México el efímero imperio de Maximiliano y Carlota, el flamante emperador Habsburgo, puso especial cuidado en que entre las cosas más relevantes de su menaje vinieran unas doscientas mancerinas de porcelana de Dresden. Piezas de extraordinaria belleza con las que Maximiliano pensaba sorprender a la entonces "aristocracia cuartelera" mexicana. ¡Oh decepción!, ya que la sorpresa fue para el flamante emperador, puesto que durante el gobierno de Don Antonio Álvaro Sebastián de Toledo, marqués de Mancera, vigésimo quinto virrey de la Nueva España, en 1679, alguno de sus cortesanos había inventado ya la mancerina (taza con plato de una sola pieza), creada para no tirar el brebaje y al mismo tiempo incluirle algunas pastas o pastelillos, empresa casi imposible a realizar en estas curiosas tacitas, ya que el líquido regado, al inclinar el artefacto, caía de cualquier manera. Con el tiempo, el uso generalizado de la mancerina cobró fama más que nada por un simple cumplido cortesano que después siguió el quisquilloso y anciano virrey. De este modo proliferó su producción en gran escala, llegando de inmediato a Europa de donde la tomaron distintos países, trayéndola Maximiliano 190 años después. En fin, fue tanto el uso y fama de esta dichosa mancerina, que hoy en distintos museos de México y Europa se exhiben piezas de oro, plata, cobre, bronce, porcelana, cerámica de talavera y aun de porcelana china, traídas por el Galeón de Filipinas o la Nao de China, y todo este teje y maneje sólo para tomar el mexicano chocolate, que del xocóatl indígena: agrio, amargo y sin grueso cuerpo, nos fue devuelto en nuevas y distintas maneras: a la francesa, a la española, a la alemana y a la italiana.

En este grabado de Theodor de Bry, de 1591, observamos cómo los indígenas preparaban el cacao para la bebida del chocolate de forma caliente; en la parte derecha, vemos a un "natural" en espera de que suba la espuma con el tradicional molinillo de madera. Al fondo vemos a los indios cosechando el cacao "divino".

El nopal: rústica chumbera en Europa

El nopal, lo mismo que otras plantas de México, viajó también a Europa, sólo que no con la misma suerte que las anteriores, ya que hasta la fecha se desconocen sus diferentes usos y cualidades gastronómicas, desdén provocado quizá por su aspecto primitivo y espinoso. En España se le conoce como *chumbera* y a sus frutos o tunas como *higo chumbo*. Por fortuna, en México forma parte de nuestra mesa por herencia genética, y debido a ello es que lo hemos mitificado y mixtificado desde los tiempos prehispánicos, hasta mestizarlo con la cebolla, el queso, el limón y el aceite de olivo, que en sabrosas ensaladas junto al chile de árbol frito, el jitomate y el aguacate, resulta un aliño tradicional. Claro que no sólo de esta manera se consume, ya que es muy del gusto común comerlo también asado; en escabeche con col, brócoli, ajo y vinagre, o en su forma de los tradicionales "nopalitos navegantes": con huevos ahogados, cebolla, ajo, chile frito y cilantro. Y qué decir de la cazuela de nopal, guisada con aceite de olivo, vinagre, chile seco, cebolla, limón, orégano y tomillo (yerbas de olor).[7]

Al nopal lo van a ver sólo cuando tiene tunas

Aparte del aprovechamiento de los tallos redondos del nopal, está el consumo de su delicioso fruto conocido como tuna, de la que existen diferentes clases: el nopal *opuntia* es un gran productor de ellas y cuenta con trece grupos de los cuales sólo diez son comestibles: *tlapalnochtli* (roja, con la que se cura el pulque llamado sangre de conejo). Su etimología viene de *tlapalli,* color, *eztli,* sangre y *nochtli,* fruto del nopal; *iztacnochtli* (blanca), *tlatonoctli* (amarillenta), *tzaponochtli (*casi negra como el zapote), *coznochtli* (amarilla), *zacanochtli* (rústica o silvestre), *yxoconochtli* (ácida y agria, vulgarmente conocida como xoconostle; sirve como medicamento para la diabetes. En almíbar o como fruta cubierta es deliciosa; formando parte de los moles aguados o de olla es excepcional).

El nopal apareció casi simultáneamente con el maíz y el maguey, lo que permitió su inclusión dentro de la mitología indígena: códices Tlotzin y Quinantzin. Su etimología es *nopalli,* nopal, y *palli,* cosa aplastada. De una variedad llamada *nopalnochestli* se extraía la cochinilla de grana, tinte mexicano de gran aceptación en Europa, suministrado por un insecto hemíptero secado y molido que representó excelentes dividendos por su venta, incluso formando parte de las mercaderías enviadas a Oriente vía la ruta marítima de la Nao de China.[8] Igual que el maguey y el chile, provocó locativos geográficos de algunas poblaciones indígenas: *Tenochtitlan,* de *te,* cosa silvestre, y *nochtli,* tuna, adicionándosele la partícula abundancial *tlan,* lo que en conjunto quiere decir: lugar de tunas silvestres; *Xoconochco,* de *xococ,* agrio, y *nochtli,* tuna, que es "lugar de las tunas agrias"; hoy es un distrito de Chiapas, lo mismo que el nombre de un volcán: *Nochtepec,* de *nochtli,* tuna roja, y *tepec,* lugar o cerro; *Nochistlan* o *Nochestlan,* de *nochezti,* grana, y la terminación abundancial *tlan.* Por último está: *Nopalla* o *Nopalan,* que equivale a *Xoconoxco.*

Fundación de Tenochtitlan y los cuatro "calpullis" o barrios, según el Códice Mendocino: En esta lámina se encuentran el maguey y el nopal en primer plano como parte del símbolo de su edificación. Colección de Documentos Conmemorativos de la Fundación de Tenochtitlan. (Ciudad de México.) SEP, s./f.

Fundación de México-Tenochtitlan, según el Atlas de Fray Diego Durán (1537-1580), autor de la *Historia de las Indias de Nueva España e islas de tierra firme* y *Ritos, fiestas y ceremonias de los antiguos mexicanos*, obras donde este sevillano desmenuza parte de los hábitos alimenticios de los indígenas. En esta lámina del Atlas o Códice Durán, destaca el símbolo del águila, la serpiente y el nopal, ésta planta de uso generalizado fortaleció a las sociedades de la mesa central o altiplano, sobre todo en el aspecto culinario.

Dibujo del escudo nacional (sin la serpiente), sólo con el águila y el nopal, tomado del *Catálogo alfabético de los nombres pertenecientes al idioma náhuatl*, del Dr. Antonio Peñafiel, impreso en la oficina tipográfica de la Secretaría de Fomento, México, 1885.

Huexolotlan.— Huexolo–tla.—*Huexolotlan.*

Nochtepec.—Noch–tepec.—*Nochtepec.—Nochcoc.*

Tlaollan.—Tlaol–lan.—*Tlaolan.*

Nopalla.—Nopal–la.—*Xoconochco.*

Metepec.—Me–tepec.—*Metepec.*

Xoconochco.—Xoco–noch–co.—*Xoconochco.*

Nombres de poblaciones prehispánicas que hasta la fecha permanecen con su glifo o jeroglífico, relacionadas con plantas, aves y granos, tomado de la obra de Don Antonio Peñafiel. A su vez, estos ideogramas fueron copiados del *Códice Ramírez*, *Anales de Cuauhtitlán* y *Crónica mexicana*, donde se entresacan múltiples conceptos sobre alimentos, utensilios, educación, cantos, bailes e instrumentos musicales.

El maguey, también sagrado

El maguey es una planta de la familia de las agaváceas, de las que existen en México unas doscientas especies. Esta planta fue, y todavía es, parte del cultivo tradicional de los pueblos del altiplano, especialmente en lugares áridos y secos, pero fue en determinadas poblaciones de la Mesa Central donde abundó su explotación: Hidalgo, Puebla, Tlaxcala, Oaxaca, Querétaro, San Luis Potosí y gran parte del Valle de México. Los mexicas lo conocieron por *metl,* de mano, y *huey,* grande; aunque, de hecho esto no es un aztequismo, no se le puede negar parecido con la palabra maguey. El producto del maguey llamado *octli* (vino) es más conocido como pulque, nombre náhuatl apócope de *poliuhqui, octli,* vino podrido, aunque también el pueblo hasta hace más de treinta años lo llamaba neutle, de *necútic,* cosa dulce, y *octli,* vino. Además de estos nombres se le han dado distintos calificativos coloquiales, como: *tlayol, pulmex, tlamapa, baba, melón, babero, baba-dry, cara blanca, tlachique, tlachicotón,* etc. Esta bebida es de color blanquecino lechoso y de consistencia babosa, resultado de la fermentación del aguamiel. El pulque *campechano* o *campechaneado* es la liga del pulque fuerte o *semilla* y aguamiel, que se puede "curar" con frutas, cacahuates, capulín, almendra, piñón, apio, avena, piña, jitomate, guayaba, naranja, limón y con la tuna roja, curado[9] que se llama *sangre de conejo.*

Ya desde la etapa precolombina, el pulque había creado una especial religiosidad dentro de la teogonía indígena,[10] perviviendo hasta nuestros días como forma de cultura popular derivándose hacia manifestaciones distintas: culi-

55

naria, placeres, música, canción, bailes, literatura y teatro que en el curso de los siglos XVII y XVIII cimentaron nuestra individualidad como nación.

Existen hoy día versos, coplas y décimas genéricas que el pueblo ha conservado, ya sea por tradición oral o escrita, relacionados con esta bebida:

Agua de las verdes matas,
tú me tumbas, tú me matas,
tú me haces andar a gatas.

[Popular]

Pulque curado se vende,
de toditos los colores,
hasta los muertos se alegran,
con estos lindos sabores.

[Extracto del *Corrido de la Fiesta de Santa Anita*]

Al conjunto de esta planta, en México se le llama magueyera, lugar de donde se extrae el pulque para luego llevarlo al tinacal y de ahí a las pulquerías para su consumo. Dibujo de Jesús Flores y Escalante basado en el libro *La historia de las plantas*.

Asimismo, dentro de esta literatura permanecen vigentes algunos cantos religiosos que datan de hace tres siglos, enseñados a los indios y peones de las haciendas pulqueras. Uno de ellos es *El alabado,* que introdujo el misionero español Antonio Margil de Jesús, que lo mismo antecedía alguna misa o rosario que un simple saludo de caminantes, según anota Higinio Vázquez Santana en su libro *Fiestas y costumbres mexicanas* (pp. 100 y 101); éstas son algunas cuartetas del referido *Alabado:*

Alabado y ensalzado
sea el divino sacramento,
en que Dios oculto asiste
de las almas el sustento.

Esto es por todos los siglos
de los siglos. Amén.
Amén, Jesús y María,
Jesús, María y José.

Adórote, Santa Cruz,
puesta en el Monte Calvario,
en ti murió mi Jesús
para darme eterna luz,
y librarme del contrario.

Quien a Dios quiere seguir
y en su gloria quiere entra,
una cosa ha de asentar,
y de corazón decir:
antes morir que pecar.

[Popular]

Fray Margil de Jesús, con *El alabado,* dio posesión a peones y campesinos de los tinacales de una especie de saludo conocido como *Canto nacional*; aún permanece con algunas adiciones hechas a lo largo de tres siglos. Ignacio Ramírez "el Nigromante", en sus descripciones de nuestro folclor compara la figura de Margil con la de un santo, por lo que todavía en las fiestas patronales y durante la celebración de la Santa Cruz todos los festejos son precedidos por *El alabado* con estruendosa cohetería, acordes de música de viento, baile y comida, casi toda consistente en productos derivados de esta planta: gusanos de maguey fritos y enchilados, salsas pulqueras (borrachas), barbacoas de hoyo y de mixiote, donde no faltan las constantes libaciones de pulque.

Ya está dicho y es pa' pulque

Sabemos que el pulque entre los indígenas precolombinos, por lo menos hasta antes de la Conquista, no era un producto propiciador de la embriaguez, puesto que era considerado ritual, y solamente los ancianos podían libarlo hasta cierta medida; entre jóvenes y hombres maduros, quien sobrepasara el límite establecido llegando a la borrachera era severamente castigado. Dicha consigna no estaba restringida sólo al pulque, puesto que existían otras bebidas embriagantes derivadas de los agaves productores del mezcal, así como fermentos extraídos de diversos frutos. Fue hasta el sometimiento de la Conquista y con la cimentación de la Colonia cuando los indios y mestizos se refugiaron en el alcoholismo, apesadumbrados, melancólicos y resignados por la pérdida de México-Tenochtitlan, abulia y decaimiento que Miguel León Portilla retrató con fidelidad: "Y todo esto pasó con nosotros. Nosotros lo vimos, nosotros lo admiramos: con esta lamentosa y triste suerte nos vimos angustiados".

Asociada la fatalidad con la tristeza ancestral del indio y el mestizo, el dominio se acrecentó aún más con la indiscriminada y criminal producción de pulque, refino, aguardiente y chinguirito, que luego de ciertas prohibiciones y el obligado consumo de licores exportados de la madre patria, los orillaron al gasto reglamentado del pulque, bebida que a partir de ese momento se convirtió en vehículo de disipación, placer y ocio, tiempo libre que de inmediato se canalizó hacia el desarrollo de la música, la culinaria y, por supuesto, al nacimiento de las haciendas pulqueras; en ese momento surgieron diversos elementos folclóricos que hoy forman parte de nuestra cultura popular, práctica en que la "aristocracia pulquera" y la clase media participaron, llevando a sus mesas el preciado neutle que de inmediato toda la familia consumió,[11] rindiendo de ese modo sus "educados" paladares ante blancos o curados pulques, filetes al pulque y salsas borrachas, que sin duda el padre Ripalda hubiera prohibido con ofuscación de clérigo menospreciado en su célebre *Catecismo*. Pero aunque Jerónimo Ripalda y el manual de Carreño lo prohibieran, todos estos gratos menesteres manducatorios relacionados con salsas borrachas, pulque, tacos de carnitas de puerco o barbacoas rociadas con exuberantes vasos de curado de almendra, no eran sólo privativa destreza del pelaje, pues si bien el neutle para los pobres era motivo de embriaguez, para los ricos era necesario móvil alimenticio, ya que, afirmaban, "engruesaba" la sangre porque sólo le faltaba un grado para ser proteínico como la carne. Por esa razón precedió mesas de encumbrados apellidos: de la Torre y Mier, Escandón, Meavers, Lascuráin, Reyes Spíndola, Icaza, Braniff, Bulnes, Salcido, Mora de Lancaster, Eissemann, Manterola, etcétera.

Guillermo Prieto, en su obra *Memoria de mis tiempos*, ofrece una curiosa nota (p. 307), donde destaca el consumo del pulque entre familias acomodadas: "Al sonar la hora de comer, todo el mundo estaba listo, no faltando las dos sopas de ordenanza, el puchero con sabrosos y variados adminículos, el pavo asado, los chiles rellenos o manchamanteles, ni el arroz de leche, ni la conserva de zarzamora o durazno, regado todo con un buen vino cascarrón y con pulque embotellado que expendía la señora Adalid."

Por otro lado, la gente del pueblo daba lugar a libaciones de pulque acompañadas de garnachas y enchiladas. Estilo entre parcias, valedores y cuatezones, que Carlos Rivas Larrauri, "el Poeta del arrabal", describe en su poema folclórico "Dándole duro al tlamapa", cuadros totalmente diferentes en cuanto a lugares, lenguaje y actitudes, pero los dos versan sobre la integridad del divinizado pulque:

> —Pa' tomarse una "catrina"[12]
> o un camión[13] de güen tlamapa,
> d'ese qu'es la miel en penca
> de los meros llanos di Apan,[14]
> nomás véngase conmigo
> a "Los Triunfos de la Palma"

y, aluego, nomás me dicen
si les cuadra o no les cuadra [...]

Di Omestuco y de Tezoyo,
de Santa Inés y Mazapa,
curados de apio y de tuna,
de plátano y de naranja,
o d'ese blanco tan fláis
—qui a mí es el que más me cuadra—,
naiden lo vende tan suave
como don Pancho Peralta,
qu'es el mero petatero
de "Los Triunfos de la Palma" [...]

Y, despúes de darle al neutle,
túpanle a las enchiladas,
atórenle a las tripitas
con su respeitiva salsa
y verán si no es Juanita
¡La reina de las fritangas!

[Extracto de "Dándole duro al tlamapa",
de Carlos Rivas Larrauri.]

Carlos Rivas Larrauri, junto con un grupo de poetas folclóricos entre los que se encontraban Juan García Jiménez, Antonio Guzmán Aguilera (Guz Águila), Aurelio González Carrasco y Heriberto García Rivas, desde el inicio de los años veinte crearon una corriente de poesía del pueblo, donde la comida era parte importante del tema.

Rivas Larrauri fue prolijo en este sentido en sus poemas: "¡Una cosa es comunismo y otra... son las enchiladas!" "¡En una posada!" "¡A la mer'ora del grito!"

Originalmente, sus poesías fueron publicadas en los semanarios *Revista de Revistas* y *El Universal Ilustrado*, de 1927 a 1932.

El guajolote o pavo de Indias

Probablemente los primeros españoles que conocieron el guajolote, en 1511, fueron aquellos náufragos de la carabela Santa Lucía, quienes en un viaje de Santa María del Darien a la isla La Española, al mando del capitán Juan de Valdivia, zozobraron y perdieron a los 31 sobrevivientes de la tripulación que al momento de zarpar constaba de 55. Al final, de toda la marinería sólo sobrevivieron Gonzalo de Guerrero y Jerónimo de Aguilar; el primero llamado "padre del mestizaje" por el historiador Mario Aguirre Rosas, y el segundo, intérprete de Cortés. Con él mediaba doña Marina o Malintzín en una triangulación de idiomas muy singular: Malintzín se comunicaba con los indios en maya o náhuatl, y a su vez transmitía el mensaje en maya a Jerónimo de Aguilar, y por último, éste se dirigía al extremeño don Hernán en lengua castellana.

Al ser recibidos en Cozumel, entre las cosas que primero disfrutaron Guerrero y Aguilar fue la carne del pavo, que era común en aquella isla del sureste, sobre todo en la península de Yucatán. Sin embargo por razones históricas la primera descripción del pavo o guajolote fue situada en

Todavía hasta el siglo XVII, los europeos tenían en su mente la secuela del oscurantismo pletórico de monstruos; tal es este dibujo del libro de Ulises Aldrovandi y Bartolomé Ambrossini *Monstruorum historia cum paralipomenis historiae omniam animalitum*; impreso en 1658, en la imprenta Berni de Bolonia, Italia. *Op. cit*

Como vemos, el guajolote mexicano aparece en forma quimérica y fantástica, de tal manera que es casi imposible reconocerlo. .

1519, por Bernal Díaz del Castillo, quien todavía no llamaba a esta ave por su nombre de *totol* o *huaxólotl,* sino como "gallinas de la tierra y pan de maíz, de lo que ellos suelen comer, y frutas que eran piñas y zapotes, que en otras partes llaman a los zapotes mameyes".

Por su parte, Gonzalo Fernández de Oviedo, otro de los cronistas de la Conquista, llevó el guajolote a España en 1523, por lo que ya para 1525 se hablaba en Europa de las cualidades de esta extraordinaria ave. El mismo Oviedo cita en su *Sumario de la historia natural de las Indias* las características de este pavo. También Hernán Cortés llevó el pavo ante la presencia del emperador Carlos V, durante su primer viaje a España en 1528, junto con una larga serie de productos de la tierra, donde resaltaba un grupo de bufones, malabaristas, músicos (tañedores de *teponaztli* y flauta) y algunos danzantes indígenas que mostraron al soberano un novedoso baile que reproducía los movimientos del guajolote, danza que el mismo capitán extremeño bautizó como *pavana* (para mí, éste es el antecedente primario de las danzas europeas, de donde se extrajo la contradanza).

No vengo de arriar guajolotes a sombrerazos

Para fortuna del Viejo Mundo, el guajolote fue uno de los obsequios de México, sin el cual la gastronomía europea hubiera tomado distintos derroteros al prescindir de las carnes de este animal, que forma parte ya de su cocina desde hace varios siglos en determinados festejos y especialmente en la Navidad.

El nombre náhuatl de esta gallinácea entre los indígenas era *huaxólotl,* de *huey-xólotl: huey*, grande y *xólotl,* animal. Luis Cabrera anota que *xólotl* significa también bufón, payaso o chistoso, por lo que literalmente se dice "es un ave bufona". Se le conoce también de otras distintas maneras: *totol, totole, pípila* y *cócono.* A su manera, los ingleses lo bautizaron como *turkey* (gallo turco); franceses e italianos le dieron el nombre de "pollo de calicut", por considerársele originario de Calcuta.

"Gallo indiano" que además de haber enriquecido muchas mesas extranjeras, generó al mismo tiempo una extraordinaria finalidad económica propiciada por su exquisito sabor y excedidas carnes. Guajolote mexicano que, si bien por un lado mermó hambres y produjo elevadas fortunas, desde el punto de vista de la cocina refinada en alto grado, por aquellas latitudes sólo produjo la creación de pucheros, platillos a la cacerola y el aludido pavo asado de las navidades sajonas, nórdicas e ibéricas, que como milagrería, en México es parte fundamental del angelical mole poblano: platillo "desmesurado" por sus bien balanceados ingredientes, decantadísimo sabor y gratas oleadas de olores que corporeizan por taumaturgia su digno mestizaje, poblanismo y mexicanidad.

EL TABACO

Bernal Díaz del Castillo en sus crónicas cuenta cómo, desde que arribó a la isla de Cozumel en 1517, vio a los naturales fumando tabaco, pero lo que más le causó sorpresa fue que lo utilizaban para curar heridas y enfermedades, aplicándolo en cataplasmas o infusiones.

Sin embargo, de todos los extranjeros que pisaron por primera vez tierras insulares, tocó al almirante Cristóbal Colón ser el primer hombre a quien le regalaran estas preciadas hojas como uno de los más significativos presentes. Lo recibió como un primitivo objeto en forma de huso, elaborado con hojas de la planta que una vez encendido se podía aspirar en el extremo contrario; placer, droga o remedio que los naturales llamaban "tabaco",[15] los tainos también lo fumaban en pipas o quemado sobre brasas en una vasija de la que sobresalían tres o cuatro popotes o cañutos. Su empleo no se limitaba sólo a esta práctica, sino también en forma de rapé: picado y puesto sobre las fosas nasales para provocar estornudos, manera que durante el reinado de Luis XIV, "el Rey Sol", los afeminados cortesanos franceses pusieron de moda.

Después de un buen taco, un buen tabaco

Lo mismo que una excelente comida requiere de un bondadoso vino o licor, el reposo de ésta demanda un buen tabaco, ya que las dos tareas no deben realizarse al mismo tiempo, puesto que se alteran las papilas gustativas, aunque la regla general "supone" que todo *gourmet* o comensal que se precie de serlo, después de finalizar el rito de la comida debe hacerlo con un buen puro habanero o cuando menos con un cigarrillo. ¿Placer o adicción? No lo sé.

Cuando Cristóbal Colón llegó a la isla de Cuba, pensó que se encontraba en China o Japón, por lo que envió a Rodrigo de Xeres y a Luis de Torres rumbo a "cubanacan" (en lengua taina significa el centro, aunque también podría referirse al lugar del cielo) en busca del Gran Kan, a quien por supuesto no hallaron, pero sí a "mucha gente que iba a sus pueblos, llevando en la mano una especie de tea prendida y rollos de yerba, cuyo humo aspiraban para embriagarse, según tenían por costumbre", acontecimiento que el almirante de inmediato anotó en su diario.

Litografía de 1591, atribuida a Theodor de Bry, en donde se observa "la manera de fumar" de los antiguos mexicanos. Lo hacían en dos formas tradicionales: enrollando las hojas de tabaco a modo de cigarro o puro, o con la convencional pipa, también legado de México a Europa. Independiente a su uso ritual, el tabaco entre los mexicanos servía como producto medicinal, como digestivo principalmente.

El que da cigarro y lumbre,
da aguardiente por costumbre

Después de su arribo a Europa, el tabaco, ya con el nombre de cigarro, dio motivo a otros países para que en diferentes idiomas fuera conocido sin alterar sensiblemente la voz original *xigar*, llamándose entonces entre italianos y españoles *cigarro*, con los franceses *cigare*, así como los alemanes lo designaron *zigarre* y los ingleses *cigar*. Fue en honor al embajador de Francia en Portugal, Juan Nicot, que la droga del tabaco se conoce como nicotina, y su amplia popularización se debe a dos marinos ingleses con "patente de corso": Sir Francis Drake y Sir Walter Raleigh. Finalmente, la deferencia del naturalista sueco Carlos Linneo, al bautizar con el nombre de *nicotina* a esta planta, produjo desde 1753 una de las industrias más prósperas en todo el mundo, y motivo a la vez una secuela de adicción casi irreversible, hasta la fecha llamada placer, que ya clérigos y naturalistas del siglo XVII consideraban proporcionada por el mismo demonio.

A partir de 1884, el francés Ernesto Pugibet fundó en México una de las empresas cigarreras más importantes de su tiempo (1884-1945), El Buen Tono, que entre algunos aspectos positivos creó por medio de sus obsequios una "cultura gráfica" considerable, hasta la fecha de gran importancia para el análisis histórico de la Ciudad de México. Y, como un placer va ligado a otro, el señor Pugibet, con gran inteligencia, formó parte también de otras empresas proveedoras de gusto, goce y bienestar, tales como la Cervecería Moctezuma y El Palacio de Hierro.

El aguacate

En relación con este fruto, hace ya cosa de treinta años, adquirí el primer fascículo de una enciclopedia española con una parrafada carente de seriedad respecto del aguacate, que en verdad me orilló a que las cosas quedaran en la compra sólo de ese primer número. La susodicha descripción decía más o menos así: "**Aguacate**. Fruto del árbol de las perseas, blanquecino e insaboro". ¡Hasta ahí!, ya que sin consultar previamente obra alguna todos los mexicanos sabemos las virtudes de su carne "no blanquecina", sino verdosa-amarillenta y de exquisito sabor, gusto que en algunas variedades llega hasta el almendrado.

Y sigue la mata dando. La enciclopedia Salvat insiste en llamar al aguacate "de fruto blanquecino", aduciendo que su uso suele ser en ensaladas; el *Pequeño Larousse Ilustrado* y la enciclopedia Bruguera no abundan más sobre el asunto, como si en verdad el fruto mexicano les fuera del todo desconocido, cosa que me sorprende, ya que Amando Farga, español de cepa, sabía de las grandes virtudes y alternativas del delicado aguacate que casa a la perfección en ensaladas y también como aglutinante en salsas de índole diverso, como el guacamole o aguacamole.

Luis Cabrera cita cuatro variedades del aguacate: cimarrón, oloroso, perulero y xinene (en algunas partes del sureste se le dice "cachinini"). Es un fruto similar a la pera de regular tamaño, de cáscara café oscura con interior carnoso de exquisito sabor amantequillado y grasoso, por lo que en algunos lugares se le llama "mantequilla de árbol", según anota Heriberto García Rivas, con lo cual estamos de acuerdo.

Sin duda, el aguacate hace perfecto maridaje con cualquier platillo, inclusive con la tortilla y el pan (prueba irrefutable es la torta compuesta), aunque mucha gente opine lo contrario basándose en las sentencias populares: "Ser como aguacate con pan" o "Soso y tonto, como aguacate con pan", que sugieren la —¿imposible?— mezcla de estos dos productos, cosa que ignoro en qué esté fundamentada, si tomamos en cuenta que los dichos populares son *vox dei*.

Aguacate es una voz de origen náhuatl que viene de *ahuácatl,* y que en su correcta forma castellanizada debería ser ahuacate. Su etimología es "árbol de los testículos", de *ahuácatl,* testículo, y *cuáhuitl,* árbol. En su paremiología encontramos dichos como éste: "Muy redondo para huevo y muy largo para aguacate", que significa que algo o alguien no está a la medida de las circunstancias.

Existe una variante llamada *pahua* o *pagua,* de sabor dulzón-amargoso que la mayoría de torteros y taqueros del Distrito Federal, Acapulco y Tampico (el "Gordo Lele") aplican a sus productos. Su nombre correcto es *pahua,* que es el genérico de toda fruta no agria o ácida, *xócotl;* o en exceso dulce, *tzápotl.* Por su sabor amargoso, la pagua es de muy bajo precio y poco recomendable para su uso en mesas y cocinas; y es distinto del que originalmente se llevó de Atlixco, Puebla, a Estados Unidos, Europa y Asia, lugares donde a base de injertos se ha producido una especie similar a la cultivada en Michoacán, que es la que hoy se vende y consume en mayor proporción, la cual es por su sabor y textura "amantequillada", verdaderamente exquisita.

A este fruto también sagrado, los naturales de México le llamaron *quilahuacatl* (fruto pequeño) y *tlacotlahua-catl* (fruto padre), propiciando el nombre geográfico de Ahuacatlan, de *ahuactl*, árbol que da frutos, y *tlan,* abundancial de lugar. Durante el siglo XVIII, los franceses lo nombraron *avocat* y los ingleses le dieron la denominación de *avocado.*

LA PAPA O PATATA

Desdeñada, satanizada y finalmente convertida en alimento secular de todo el planeta, es originaria de Sudamérica: Perú, Ecuador, Colombia, Chile y Argentina, cultivada en la zona andina y en alturas fluctuantes de 1500 a 4500 metros de altura. La papa o patata no fue conocida durante la etapa prehispánica en México; sin embargo, poco después de la Conquista, ésta se cultivó en alto grado, por lo que pasó a formar parte de la dieta y la culinaria del país, lo cual provocó que su uso diera nacimiento a una serie interminable de guisos fundamentales.

Existen en el país unas 40 variedades distintas de las 600 existentes, las cuales se cultivan en Michoacán, Valle de México, Toluca, Puebla, Guanajuato y Chihuahua. La papa se conoció en Europa alrededor de 1534, aunque siempre fue considerada nociva y venenosa como alimento, por lo que no se utilizó a pesar de las grandes hambrunas que sacudieron a la Europa renacentista. Fue hasta el siglo XIX cuando ingleses e irlandeses comprobaron su eficacia como alimento, y se convirtió desde esos momentos en sustento principal de los pueblos sajones y nórdicos; los norteamericanos —como siempre— con la patata construyeron el "imperio de las papas fritas".

La pura papa

Redcliffe N. Salaman, en *The History and Social Influence of the Potato*, obra publicada en Cambridge, Inglaterra, en 1949, habla sobre la influencia social de la papa dentro de la organización inca, una vez descubierta su sistematización para convertirla en harina llamada chuñu que pudo preservar la influencia de los gobernantes ante el pueblo. La harina de chuñu es tal vez el primer alimento deshidratado descubierto en América, antes quizá que el maíz. Hoy la papa entre las culturas occidentales tiene la misma concepción social, ya que su primordial uso y cultivo son de vital importancia.

Actualmente, en ningún lugar del mundo existen tantas variedades y colores de patata como en el Perú, que pueden ser: púrpuras, amarillas, blancas, cafés, negras, rayadas, manchadas, largas, pequeñas, grandes, rosadas, grises, etcétera. Variedades de las que en Europa se ha hibridizado más de 500 clases, y que en sus primeros años de estancia en España, por ejemplo, se le desdeñaba por pertenecer a la familia de la belladona o porque supuestamente causaba lepra y escorbuto. ¡Paparruchas![16]

LOS DEMÁS PRODUCTOS DE LA TIERRA MEXICANA

México y América, estancias productoras de múltiples aves, plantas y frutos, con el advenimiento de la culturización ibérica, de pronto se vieron inmersas en un mestizaje de extraordinarias proporciones por el acrisolamiento de diversos productos de Euroasia y América. Los primeros fueron decantados por los españoles tras la permanencia de los moros en España durante casi ocho siglos de dominación, de quienes fue último reducto el Reino de Granada, recobrado por los Reyes Católicos en 1492, momento en que el navegante Cristóbal Colón encontraba América apenas en las Antillas. Dichos productos fueron, según Victor W. Von Hagen, los siguientes:

Euroasia

1. *Legumbres verdes*: repollo, lechuga, espinaca, pepino, berenjena, abelmosco, espárrago, berro, ajo, alcachofa.
2. *Raíces*: betabel, chirivía, zanahoria, rábano.
3. *Frutas*: manzana, pera, ciruela, cereza, uva, limón, higo.
4. *Nueces* y *oleaginosas* : nuez, linaza, aceituna. (¿Ajonjolí?)
5. *Leguminosas*: guisantes, lentejas, frijol de soya, alubias.
6. *Cereales*: trigo, cebada, centeno, avena, mijo, arroz.
7. *Condimentos*: mostaza, caña de azúcar.

1. *Legumbres verdes*: repollo de palma, chayote.
2. *Raíces o tubérculos*: patata (numerosas variedades), mandioca, camote, oca, olluco, añu. (Boniato, yuca y ñame.)
3. *Frutas*: chirimoya, papaya, aguacate, tomate, cacao (chocolate), piña, guanábana, pepinillo, fresa, frambuesa. (Capulín, chayote, tejocote, guayaba, mamey, zapotes de los que existen más de 20 variedades, etcétera.)
4. *Nueces*: anacardo, nuez del Brasil, maní (cacahuate) y nuez (¿Cuál?)
5. *Leguminosas*: canigwa, tarwi, molle, frijol (todas las variedades del mundo, excepto la alubia y el frijol de soya).
6. *Cereales*: maíz.
7. *Condimentos*: pimientos (?), (chile, ají), (epazote, pápalo, acuyo, pipicha, guaje.)
8. *Seudo cereales*: quinoa.
9. *Bebidas*: mate, guayusa. (Pulque, chicha, atoles, chocolate, tuba, etcétera.)

Cuadro interesante el que Hagen "el Experimentado explorador" propone en su estupenda obra *El Imperio de los Incas* (Editorial Diana, México, 1967), a quien sin embargo le faltarían algunos otros productos, como por ejemplo los encerrados entre paréntesis, además de la "pepita" de la calabaza, que se clasificaría dentro de las oleaginosas, y que los mexicanos han utilizado con tal fin desde la época prehispánica.

El resultado final y único de este mestizaje[17] a largo plazo (más de 500 años) ha sido establecer los cimientos de una costumbre alimenticia y una cocina sin precedentes, basada, como ya hemos dicho, en la fusión hispano-indígena, producto también de otros mestizajes anteriores disueltos en la oscuridad del tiempo. Sin embargo, la presencia de otras mezclas posteriores a la Independencia de México tuvo mucho que ver en la hechura de esta milagrosa cocina mexicana, preñada de culturas como la francesa, la asiática, la italiana y la inglesa, esta última, por fortuna, en menor grado. La culinaria mexicana se fortaleció con la presencia de otros frutos, aves y plantas nativas del país, entre los que no debemos olvidar los siguientes: chilacayote, chayote, camote, chinchayote, chía, tamarindo, cacahuate, guayaba, hongos, flor de calabaza, huitlacoche, pápalo-quelite o calistre, pipicha, guaje, amaranto o huauzontle, achiote, jícama, tejocote, quelites, quiote, chapulines, acocil, ajolote, atepocate, chichicuilote, patos, perdices, iguanas, venado, pescados (de mar y lago), palomas, faisanes, perrillos de aguas, itzcuintli, tortugas chichicaxtle, conejos, biznagas (y otras cactáceas), flor de yuca y colorín, cacomixtle, tlacuache, armadillo, coyol, yerba santa o acuyo, verdolaga, etcétera, productos que por la fuerza del uso cotidiano formalizaron nuestra mesa, hoy no sólo criolla española, prehispánica o mestiza, sino varias conjugadas en una sola, a la que el mexicano ha dado características propias de su mestizaje y universalidad.

Notas al capítulo

1. El español alicantino Amando Farga anota que el jitomate en Italia fue llamado *paradeisapfel* (manzana del paraíso) y abunda: "[...] ya bautizado con el nombre de manzana de amor se la consideraba afrodisiaco y se constituía una vergüenza acotar su uso por las damas y que éstas lo usaran en la cocina. Farga, autor de los libros *La comida en México*. *La historia del cebiche*, *El mal del turista*, *Monografía gastronómica* y *México gourmet*, es uno de los más inteligentes estudiosos de la culinaria mexicana.

2. García Rivas, periodista oriundo de Chihuahua, se dio a la tarea de recopilar en su libro, publicado en 1965 por el periódico *Excélsior*, un sinnúmero de productos mexicanos "regalados al mundo desde el adelantamiento de Cristóbal Colón y la conquista de Hernán Cortés".

3. López de Gómara escribió su historia de la Conquista en 1552, y ésta es una de las primeras obras que hablan sobre cosas de México, utilizando las cartas de relación de Hernán Cortés, de quien Gómara era secretario. El primero fue Pedro Mártir de Anglería (1459-1526), historiador y humanista italiano, autor de las *Décadas del Orbe Novo*.

4. Bernal Díaz del Castillo como buen contemporáneo del renacentismo, y ante la gloria y fama alcanzada por el extremeño Hernán Cortés, quiso con su obra "verdadera" alcanzar la inmortalidad, cosa que logró. Fue hasta 1568 cuando escribió su *Verdadera Historia de la Conquista de la Nueva España*: 16 años después de la de Gómara.

5. Al convertir los meshicas su cacao en moneda, provocaron que la mayoría del pueblo no lo utilizara como alimento, como bien anota Gonzalo Fernández de Oviedo: "La gente no usa ni puede usar con su gula y paladar tal brebaje, porque no es más que empobrecer adrede y tragarse la moneda y echarla donde se pierde".

6. El molinillo es un instrumento de madera de una sola pieza, de aproximadamente veinticinco centímetros, de origen prehispánico, que consta de un manguillo alargado, una masa redonda estriada superior, y entre tres o cinco anillos para desleír y batir en ambos sentidos el chocolate hasta hacerlo espumear; sirve además para batir atoles, el champurrado, así como también quelites, quintoniles y flor de calabaza con ajo, cebolla, sal y chiles serranos o de árbol, puestos a hervir juntos en olla de barro, resultando de esto un atole de varias yerbas de exquisito sabor. Los nahoas llamaban quelite (*quilitl*) a cualquier yerba o verdura comestible.

7. En México las yerbas de olor son: orégano, tomillo, mejorana y laurel. Traídos de España, los tres primeros pertenecen a la familia de las labiadas y el tercero a la de las lauráceas. Tradicionalmente se venden en "manojo", dejándose secar para que penetre sabor y aroma. Los cuatro juntos forman parte esencial de los chiles en escabeche en todas sus formas. Se utiliza también en caldos y profusamente en el pozole.

8. Su nombre real fue Galeón de Manila o de Filipinas. Se le conoce también como Nao de China, que es la designación más común utilizada en relatos e historias.

9. Es obvio que si el pulque entre los indígenas prehispánicos fue ritual y alimenticio, también desde esos momentos se compusiera con frutas y mieles de la tierra, llegando a ser mayor su práctica cuando el consumo se generalizó a finales del siglo XVII. En relación con esto, Antonio García Cubas, en su obra *El libro de mis recuerdos* (p. 289), dice: "El cura y el pulquero, mala comparación, tienen un punto de contacto: los dos bautizan, nada más que aquél lo hace con poca agua para cristianizar a individuos de la especie humana, y éste con mucha agua para acrecer y desvirtuar el jugo del maguey". De hecho, cuando se cura un pulque se le adiciona agua al moler el fruto. Por otro lado, la palabra curado es una derivación del verbo curar, que en México se utiliza para indicar que se ha restaurado el individuo

después de la borrachera. Derivado(s): curado, "cúrame la cruda", "ya me la curé".

10. En el panteón adoratorial indígena, la principal deidad del pulque era la diosa olmeca Mayahuel, a quien se atribuye el descubrimiento del aguamiel, y su pareja Patécatl, quien descubrió las yerbas y raíces para su fermentación. Están en seguida Tepoztécatl, Tlilhua, Cuatlapanquí y Papátzac, que la perfeccionaron. Raúl Guerrero, en su invaluable ensayo, comenta que otras deidades "patronos" del pulque fueron: Papantécatl, el de Pantitlán; Izquitécatl, el de Izquitlán; Toltécatl, el de Tulla o Tallan; Chimilpanécatl, etcétera. *El pulque*, Joaquín Mortiz-INAH, 1985.

11. Cuenta Alfonso de Icaza que criadas y mozos de las familias más connotadas de 1895 a 1919, en la Ciudad de México, antes del almuerzo y la comida iban a la pulquería más cercana por el preciado pulque curado o blanco. *Así era aquello: sesenta años de vida metropolitana*. Ediciones Botas, México, 1957.

12. La "catrina" y el "camión" forman parte de una serie de jarras y medidas propias de las pulquerías. Usados desde principios del siglo pasado, se emplearon hasta hace unos treinta años. Su fabricación se establecía en las ciudades de Puebla y Texcoco, elaboradas en vidrios verde y azul, de las cuales existieron también: cacarizas, tornillos, reinas, chivos, etcétera.

13. *Idem.*

14. En el original está como Apam.

15. En realidad, "tabaco" es una voz caribe que se le atribuye a la pipa o adminículo en que fumaban los indígenas. Los mayas lo llamaban "kisots" y los nahoas "picíetl" o "yetl" Otros opinan que "tabaco" viene de la consonancia de Tabasco, aunque en este sentido podría ser también en alusión a la isla Tobago.

16. La voz coloquial "paparrucha" nace en España como término despectivo, aduciendo que la papa, según ellos, no era benéfica. Ejemplo: "Esto no vale, es una paparrucha".

17. Me refiero al mestizaje culinario y no al racial.

EL
MESTIZAJE
CULINARIO

Todo comenzó en Veracruz

Ante la calidez de los médanos arenosos y la suave brisa de Quiahuiztlan, donde los españoles fundaron el 22 de abril de 1519 la Villa Rica de la Vera Cruz[1] (en honor al viernes santo en que fuera crucificado Jesús), el altivo e inteligente extremeño Hernán Cortés, tras inconsciente demora, llegó a dichas playas para maravillarse del encantamiento de los naturales ante aquellos prodigios nunca antes vistos por ellos: *acallis* (casas flotantes), extraños ropajes, animales diabólicos (caballos y perros), *teules* (dioses blancos) de barbas castañas y rubias, entre quienes descollaba Pedro de Alvarado al que después llamarían *tonatiuh* (el Sol), capitán que más adelante destacaría por su bravura, avaricia y desmedida crueldad contra los indios.

Como regalo ceremonial, los *teules* (escasos ya de embutidos y pan cazabe) recibieron de mano de los naturales tras el trueque de "cuentas verdes y otras cosillas de Castilla [...] gallinas y pan de maíz", bastimento insuficiente para satisfacer el hambre rezagada de la soldadesca, por lo que más tarde Cortés, como en otras ocasiones, comisionó al *tonatiuh* para proveer suficientes alimentos. Comida ésta que de hecho representó la primera formal acción manducatoria de los conquistadores en los dominios de Moctezuma y que sin duda perfilaba para ellos el nacimiento de una nueva forma alimentaria, con todo y sus recelos.

Con cantares, vino, comida y vihuela,
se conquista a la mozuela

Fue el inicio de un mestizaje culinario y más tarde racial, que precedieron alegres notas de la vihuela de Ortiz "el músico", lo mismo que sus giros dancísticos, ya que era estimado bailador, además de las arabizantes coplas de Porras, "cantor de cabello un tanto bermejo",[2] así como también los tañidos monótonos del redoblante de Pedro Morón, maestro vecino de Bayamo, quien por ocio o desasosiego se enroló como soldado de fortuna en las huestes del capitán sin retaguardia Hernán Cortés.

Los grabados de arriba muestran instrumentos musicales traídos por los adelantados y conquistadores. Abajo: músicos, acróbatas y bufones (jorobados, albinos y locos), que distraían al gran tlatoani, príncipes y señores principales del México prehispánico. Dibujo tomado del original, copiado por Jesús Flores y Escalante.

Arriba izquierda: instrumentos del siglo XVI; violas y cellos, que formaban parte de algún ensamble de cámara, mismo que conquistadores y virreyes contrataron para sus saraos y placeres íntimos. De alguna manera, estos músicos influyeron dentro de la música mexicana.

Arriba derecha: laúdes, arpa y trombón de vara. Abajo: céfiro, ejecutando un corno. Todos estos instrumentos pasaron a formar parte del acervo musical mexicano después del siglo XVII, para amenizar fiestas, jarabes y fandangos donde el consumo de bebidas embriagantes y comida destacaron desde el punto de vista popular.

El bien o mal comer, tres veces se ha de hacer

Desde aquellos días, en Cempoala y Quiahuiztlan, al mirar
Cortés las divisiones y odio entre totonacas y mexicas, sin
pensarlo dos veces tomó bríos para marchar rumbo a
Tenochtitlan, donde le aguardaban desazón y desvelos,
pero donde la fortuna le prometía glorias equiparadas a
las de Aníbal. Lugar también donde iniciaría una extensión
de tierras y riqueza que ni él o su rey don Carlos alcanza-
ban a vislumbrar; la partida inició por delante con los he-
rrajes y el velamen de las naves echadas a pique. Ése fue
su camino rumbo a la inmortalidad y por consiguiente la
ruta hacia la deshonra[3] del gran *Tlatoani Moctezuma Xocoyotzín*, comiendo por aquellos caminos lo que bien se le
ofrecía, acostumbrando ya su estómago y los de sus fili-
busteros á la pitanza del Nuevo Mundo, creación por la
que antes ningún europeo había caminado:

> Después de bien considerada la partida para México, toma-
> mos consejo sobre el camino que habíamos de llevar, y fue
> acordado por los principales de Cempoal que el mejor y más
> conveniente camino era por la provincia de Tlaxcala, porque
> eran sus amigos y mortales enemigos de los mexicanos,

empresa para la que los totonacas proporcionaron sus
doscientos *tamemes* (cargadores) con los que partieron a
mediados de agosto de 1519, llegando a Xalapa cuatro
días después y luego hasta un caserío llamado Socochima
donde, relata Bernal, "había de muchas parras de uva de la
tierra".[4] Después, al llegar a Iztacamaxtitlan, viendo los al-

tos y bien encalados edificios, "pusímosle nombre Castil-blanco, porque dijeron unos soldados portugueses que se parecía a la villa de Castil-blanco", donde relata Bernal que les dieron de "comer poca cosa y de mala voluntad", ya que acostumbrados a la carne de guajolote, hortalizas y frutos de la tierra caliente, resintieron en sus estómagos y vanidad lo escaso de aquellos alimentos.

EN TLAXCALA NO HUBO CONVIVIO HASTA DESPUÉS DE LA BATALLA

Contra las recomendaciones del senado tlaxcalteca, *Xicotencatl* "el Mozo" decidió no recibir amistosamente a los teules venidos del mar. Cortés, en reciprocidad de los tambores y flautillas ensordecedoras de sus enemigos, lanzó el grito de guerra de los españoles a la voz: ¡Santiago, y a ellos!, enfrascándose ambos bandos en una desigual batalla con más de seis mil tlaxcaltecas contra los pocos castellanos, que por primera vez en la batalla supieron de la templanza y valentía de los guerreros de aquel joven capitán tlaxcalteca.

Una vez ganada la batalla por los españoles (más por el miedo a caballos, perros y armas de fuego), Cortés y sus capitanes fueron al fin recibidos por el consejo de ancianos que les cubrieron el camino de flores y los cuerpos con el sagrado humo del copal, reconociéndoles con esto una capacidad guerrera superior a la de ellos, a quienes ni el propio Moctezuma había logrado someter. De pronto, la cara agresiva de los tlaxcaltecas se tornó en rostro de fiesta: atabales, pitos, flautas, teponaztli y cantos de bienvenida acompañados de exquisitas viandas indígenas y copas del blanco vino de la tierra; aunque aquí Bernal, para no entrar en divagaciones, sólo comentó que fueron regalados con un "gran aparato de gallinas y pan de maíz y tunas, y otras cosas de legumbres". De paso, los tlaxcaltecas aprovecharon aquel momento para quejarse de la mala voluntad y abusos de los mexicanos, que desde tiempo inmemorial los tenían aislados sin el derecho de usufructuar los productos marítimos, y mucho menos de la sal para sazonar sus alimentos, teniendo que haber recurrido por muchas generaciones al uso del tequezquite,[5] que si por un lado les era útil, por otro les provocaba muchas enfermedades, aunque con el tiempo le surgieron diversos usos culinarios que hasta la fecha permanecen, sobre todo en la nixtamalización del maíz, el cocimiento del nopal[6] y otras cactáceas, además de su práctica en ciertos platillos.

Del plato a la boca se cae la sopa

Probablemente al ver los españoles el uso del tequezquite y otras prácticas "irracionales" en la cocina indígena, la rechazaron, provocando restricciones de "lesa historia" por parte de los cronistas, lo que propició que la comida y la mesa prehispánicas sean hasta nuestros días casi desconocidas, olvido en el que influyó también el hecho de que los naturales no contaran con el uso de un alfabeto.

Y, así como los españoles a golpe de camino aprendieron a comer guisos de la tierra, los indígenas poco a poco se fueron sensibilizando con los acordes y cantos de Porras, Morón y Ortiz, música que de tanto escuchar adaptaron en el *huehuetl*, el *teponaztli*, flautas, ocarinas, sonajas, cascabeles y el grave sonido del caracol marino, aprendidos a ejecutar en el *cuicalli* (casa de la música), tonos de cantos y danzas que habrían de fusionarse después con las enseñanzas del "Lirio de Flandes", Fray Pedro de Gante, primo del emperador Carlos V, a quien se le debe la enseñanza literaria, teológica y musical de los indígenas del altiplano a partir de 1523, en Texcoco.

DE CHOLULA A TENOXTITLAN

Desde los caminos y veredas de la recién fundada Veracruz, hasta las serranías de Xalapa y los volcanes Popocatépetl e Ixtaccíhuatl, muchos fueron los aromas, sabores, frutos, verduras y animales que los soldados de Cortés tuvieron ocasión de paladear; olores de recién guisado elote, flor de calabaza, chileatole, quelites sustanciosos, huitlacoches, tortillas, atoles, y la sapidez de variadas bebidas de fuerte pero exquisita textura, como el *acachul,* el *huiquimo* de *capulín,* la *charagua,* el *chiloctli* y el propio pulque o vino de la tierra, licor que Bernal consigna a menudo cuando se refiere a las bebidas embriagantes, sin aclarar nunca su aceptación por parte de la soldadesca, a falta de los tintos que acompañaban siempre la despensa marinera.

A quien no le gusta el vino, solo se hace su castigo

Sin duda, aparte de las viandas y los vinos de la tierra, a los conquistadores también se les ofrecieron las delicadezas de las carnes al vapor o barbacoas a que sus ordinarios paladares no estaban acostumbrados, ya que este guiso supremo era desconocido en el Viejo Mundo, y que sólo con el afortunado encuentro de este "paraíso novo" pudieron paladear preparado con aves, pescados o carnes de venado y jabalí. Este platillo en alguna de sus variantes se aderezaba con masa de maíz, como un tamal de grandes proporciones, cocido dentro de un hoyo calentado con brasas y una cama de bien dispuestas pencas de maguey, petates y tierra que no permitían escapar el espíritu de yerbas olorosas como el acuyo, que a los ojos, olfato y apetito de los castellanos debió haber sido exótico aroma en estas tierras recién descubiertas. Aunque probablemente no sólo los guisados les provocaron la querencia del país; fueron también los néctares de jugosas frutas como la piña, el chicozapote o la agridulce guayaba que por instantes les hicieron olvidar los familiares zumos de los cítricos o la textura melosa y apelmazada de las uvas pasas, que los hostigaba durante sus travesías marineras al combinarlas con el insípido cazabe y los trocillos de pescado rebosado en ajo y aceite de oliva. Goces y experiencias en tierra ajena algunas veces "salpimientadas" con el agresivo chile, que atemporaba la tortilla enrollada en forma de taco, tal y como lo hacían los naturales.

La suntuosa mesa del tlatoani

Sin embargo, pese a mis lucubraciones, a partir de Bernal Díaz, todos cuantos vieron y cuantos narraron la exquisitez de la mesa de Moctezuma jamás atinaron a describir con exactitud cada uno de los platillos y viandas servidas al emperador tenochca. La mayoría de relatores posteriores comentan con acritud la riqueza culinaria y el refinado gusto que privaba en la casa del gran tlatoani, sugiriendo *in situ* el nacimiento del taco, las quesadillas (que por ser de queso hubieron de nacer hasta que hubo en México ganado vacuno), los sopes y los tlacoyos, cuando en realidad estos condumios por comunes estaban supeditados exclusivamente al consumo del pueblo, sin descartar la posibilidad de que Moctezuma los comiera de vez en cuando. Sobra comentar sobre la disposición, respeto y buenas costumbres que los cocineros y la servidumbre del palacio de Axayácatl desplegaban hacia el emperador Moctezuma, y que tanto Hernán Cortés en sus *Cartas de relación*, como Bernal Díaz en su crónica explica a partir del capítulo XCI, desglosando:

De la manera y persona del gran Montezuma, y de cuán grande señor era [...] Mientras que comía, ni por el pensamiento había de hacer alboroto ni hablar alto los de su guarda, que estaban en las salas, cerca de la de Montezuma. Traíanle fruta de todas cuantas había en la tierra, mas no comía sino muy poca de cuando en cuando. Traían en unas como a manera de copas de oro fino con cierta bebida hecha del mismo cacao; decían que era para tener acceso con las mujeres [...]

Después de los convivios y placenteras comelitonas en la casa del místico y endeble Moctezuma, los españoles quizás añoraban mordisquear algunos rábanos, nabos o pepinos en salmuera y vinagre, si bien es posible que el yantar mexica les hubiera hecho olvidar sus hábitos alimenticios después de más de un año de febril búsqueda de la legendaria Cipango. Aunque —personalmente, confieso— resulta difícil olvidar así como así lares y guisos patrios que, en el caso de los castellanos, sólo se trataba de sobrios guisos y caldos, como el gallego o la fabada de blancas alubias, acelgas, tocino, jamón y morcilla, de la que cierto amigo, gran conocedor de la cocina mexicana, me comentó alguna vez: "¡Yo no sé cómo estos gachupines pueden comer carroña!"

Más tarde, sólo con la violenta derrota del hidalgo Pánfilo de Narváez, la soldadesca del extremeño tuvo oportunidad de volver a paladear conservas, jamones, tocinos, aceitunas y el tinto español que este capitán trajo en sus 19 navíos fletados en Cuba por el resabiado gobernador Diego Velázquez, mientras que en México-Tenochtitlan, Pedro de Alvarado masacraba a la población azteca, arguyendo que: terminando aquellos areitos y bailes a "huchilobos", los indios tenían decidido exterminar la guarnición española que Cortés había dejado al mando del sanguinario Tonatiuh.

Holocausto y renacimiento
de México-Tenochtitlan

De pronto, las recepciones, la música, las buenas mesas y los excelentes tratados diplomáticos entre Cortés y Moctezuma cesaron tras su estéril muerte. Entonces los bergantines españoles definieron el sitio de la ciudad mexica, y su gente, acostumbrada a la celebración y el regocijo, con el fin de resistir el asedio y defensa de sus palacios y templos, tuvo que rebajar su señorío hasta la condición de beber orines, comer sabandijas, raíces y cuanto estuviera a su alcance:

> Rojas están las aguas, cual si las hubieran teñido,
> y si las bebíamos, eran aguas de salitre.
> [...] Hemos comido panes de colorín,
> hemos masticado grama salitrosa,
> pedazos de adobe, lagartijas, ratones,
> y tierra hecha polvo y aun los gusanos.

Con este melancólico poema terminó la leyenda del imperio tenochca y que irreversiblemente con la captura de Cuauhtémoc el 13 de agosto de 1521, dio lugar al nacimiento de una ciudad nueva, de costumbres amalgamadas y de resurrección para una nacionalidad concluyente del encuentro hispano-indígena: el mestizaje.

La ciudad fue ganada por un hombre maquinador, ambicioso, "de buena estatura, rehecho y de gran pecho. El color ceniciento, la barba clara, el cabello largo [...] celoso de su casa, siendo atrevido en las ajenas; condición de putañeros [...] devoto, rezador".[7] Un Hernán Cortés humano, discrepante, lleno de pasiones y diatribas pero, quiérase o no, responsable de la fusión entre dos mundos: México y España. Absoluto ganador de un inmenso reino del que da cuenta a Carlos V, explicando:

> De cuatro a cinco meses acá que la dicha ciudad de Tenux-titan se va reparando, está muy hermosa, y crea V. M. que cada día se irá ennobleciendo en tal manera, que como antes fue principal y señora de todas estas provincias, que lo será también de aquí en adelante.[8]

A la izquierda: plano de la ciudad de México tomado del *Conquistador anónimo*, a su vez copiado del mapa traza bajo la supervisión de Hernán Cortés que apareció en la edición latina de su Segunda carta de relación enviada a Carlos V. A la derecha: croquis de Tenochtitlan donde se aprecian las zonas ocupadas por indígenas y españoles después de la Conquista. Dibujo de Jesús Flores y Escalante copiado del original.

Notas al capítulo

1. Al fundar Cortés esta primera villa en tierra firme, decidió que se llamase Vera, del latín *veracitas* o *veritas*, que significa "verdad" o "verdadera", y Cruz por el santo madero, puesto que ya desde su arribo a Yucatán había encontrado glifos en forma de cruz, que los nativos reverenciaban por significar los cuatro puntos cardinales y el planeta Venus.

2. Díaz del Castillo, al final del capítulo ccv, de su relación, dice: "Porras, muy bermejo y gran cantor, murió en poder de los indios". Bermejo, significa rubio rojizo.

3. Mucho se ha especulado en relación con la deshonra y cobardía de Moctezuma ante la presencia de Hernán Cortés, aunque si tomamos en cuenta la profecía de Quetzalcóatl y su sincretismo con el conquistador, el tlatoani no hizo más que lo que indicaron los arcanos, ya que la suerte de los tenochcas estaba echada para el nacimiento del "hombre nuevo", vía el mestizaje indoespañol.

4. Los mexicanos conocían los vinos de uva y zarzamora, de los cuales Ometochtli era su principal divinidad, cosa que "Motolinía", Fray Toribio de Benavente, consigna en su *Historia de los indios de la Nueva España*.

   El reconocido gastrónomo mexicano Roberto Ayala, en su "Historia del vino mexicano", artículo publicado por *Vinos y licores* (*Libro Claudia*, núm. 1, México, 1980), dice: "La alegría del vino a través de la historia ha dado míticos reinados: el de Baco para los romanos, Dionisio para los griegos y en la mitología azteca el dios del vino era Ometóchtli". Existe también la posibilidad de que estas uvas cimarronas mexicanas o alguna otra variedad criolla durante el siglo xix, cuando Europa sufrió merma en sus sarmientos merced a una plaga irreversible, fueran cultivadas ahí para resarcir aquellas pérdidas.

5. El tequezquite es una eflorescencia producida por la evaporación de los lagos salobres, como el de Texcoco, y su composición es en base a sesquicarbonato de sosa y cloruro de sodio, es por esa razón una sal natural que utilizaban los tlaxcaltecas. Sus variedades son: polvillo, espumilla, cascarilla y confutillo, estas dos últimas, las más populares hoy día, se encuentran en tianguis y mercados del estado de Puebla, San Luis Potosí, Tlaxcala, Hidalgo y el Estado de México, adquiriéndose por medidas y no por peso. Etimología: de *tetl*, piedra, y *quízquitl*, lo que aflora. Una de las enfermedades que provoca el uso de tequezquite es el bocio, por la ausencia de yodos naturales, provocando la hipertrofia de la glándula tiroides.

6. El tequezquite, al igual que el carbonato, resta acidez y color al nopal, quedando éste a la cocción, de buen sabor y ambarino.

7. Datos biográficos de Cortés, por Gómara. *Op. cit.*

8. *Cartas de relación*, p. 262. *Op. cit.*

COLONIA
Y
VIRREINATO

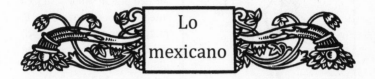

Lo mexicano

El mismo fenómeno en que incurrieron Bernal Díaz del Castillo y la mayoría de cronistas del siglo XVI se observa marcadamente en la siguiente centuria, hasta mediados del XVII, cuando los mexicanos se asomaban ya al encuentro de una cultura nacional sin el espejismo de lo español o europeo como dogma único de cultura. Esto bajo la premisa de que todos los conceptos de mexicanidad se supeditaron a crónicas, narraciones y temas inherentes a los europeos, que a su modo nos relataron sucesos —en este caso— sobre la culinaria del país. Estos hechos predominantes del gusto y las costumbres extranjeras soslayaron criminalmente la auténtica cocina del pueblo que, pese a la alcahuetería del silencio, sobrevive casi por milagro hasta nuestros días, no pareciéndose a la pitanza que describen cronistas, soldados, frailes, burgueses, hidalgos, intelectuales y viajeros sobresaltados.

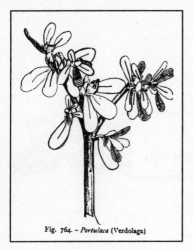

Fig. 764. – *Portulaca* (Verdolaga)

La verdolaga o portulaca ole-rácea es una planta, verdura o quelite muy apreciada en México por su sabor y su fácil integración a ciertos guisos. El platillo más común es conoci-do como "verdolagas en cal-dillo con espinazo de puerco". Esta planta de deliciosas hojas y tallos forma parte de la die-ta mexicana desde antes de la Conquista.

El caldo en caliente y las injurias en frío

Dichos esos comentarios apenas describen los más sobre-salientes productos: maíz, cacao, tortillas, pulque y algu-nas frutas exóticas. Y sólo en casos especiales, de verdade-ro gusto y seducción por algunas cosas y frutos, afloran en "gentilhombres" como Gonzalo Fernández de Oviedo, las descripciones paradisiacas sobre el mamey o la piña: "es una cosa tan apetitosa y suave, que faltan palabras en este caso para dar su loor en esto", expresándose siempre en el mismo tono de otras cosechas como el níspero, los zapo-tes, la anona o el chicozapote, al que Remi Simeón llama "sapotillo o nefle del cual se extrae el chicle".

Y aunque Oviedo siempre tiene excelentes términos para los alimentos, jamás abandona su creciente desdén hacia los indígenas, característica que también encontramos a menudo en muchos párrafos de Francisco López de Gómara (1511-1562), quien dice:

Comen en el suelo, y suciamente, se limpian en los vestidos [...] No quieren carnero ni cabrón, por que les hide [...] Lo que algunos cuentan que guisaban niños, y los comía Moctezuma [...] Pocas cosas vivas dexan de comer. Culebras sin cola ni cabeza. Perrillos que no gañen, castrados y cebados. Topos, lirones, ratones, lombrices, piojos y aun tierra [...]

Aunque al referirse a los tianguis y sus múltiples mercaderías, anota:

Hay miel de abejas, de centli [maíz], que es su trigo, de metl [maguey], y otros árboles y cosas, que valen más que arrope. Hay aceite de chian [chía], simiente que unos la comparan a mostaza y otros a zaragatona, en que untan las pinturas, porque ni las dañe el agua. También lo hacen de otras cosas. Guisan con él y untan, aunque más usan manteca, saín y cebo [?]. Las muchas maneras que de vino venden y hacen, en otro cabo se dirán.

Gómara tomó estos datos de las *Cartas de relación* de Cortés, que en su tiempo llegaron a sonar como artículos de fe, mientras no apareciera la figura recalcitrante y nacionalista del padre Clavijero, quien con gran valentía y conocimientos rebatiría las absurdas tesis de "humanistas y pensadores" del Siglo de las Luces, quienes con gran irresponsabilidad vertieron conceptos muy aventurados sobre si era verdad o no que los indígenas masculinos secretaban leche de sus pechos, con la que amamantaban a las crías.[1] Clavijero previó estas conclusiones como una reflexión básica del "patriotismo criollo" o ideología de la nación, cimentado en el origen de la clase burguesa, según Gonzalo Aguirre Beltrán, en sus notas introductorias a la obra *Francisco Javier Clavijero. Antología* (Sepsetentas, México, 1976, p. 31).

Por lo que respecta a Fray Antonio de Guevara (1480-1545), también describe casi el mismo panorama alimenticio y culinario de México que los demás, aderezando algunas veces aquellas experiencias en su gusto personal, fenómeno similar al que presentan Fray Toribio de Benavente "Motolinía" (1485-1569) y Alvar Núñez Cabeza de Vaca (1490-1560). No sucedió lo mismo con Antonio de Ciudad Real (1551-1617), quien con mesura y elegancia propone cocina y alimentación mexicana dentro de cierta renacentista franqueza. Tal resurrección la encontramos de forma desparpajada y un tanto placentera en Thomas Gage (1597-1656), aquel monje dominico de nacionalidad inglesa a quien se le atribuye el vocablo chocolate, derivado de "choco-choco-choco", término que Salvador Novo encuentra relacionado con algunos textos de la obra *Problemas y secretos maravillosos de las Indias,* del doctor Juan de Cárdenas, publicado en México en 1591.

Gage llegó a México en 1625, bajo el nombre de Fray Tomás de Santa María, con el fin de embarcarse en la Nao de China rumbo a las Filipinas, abandonando después al grupo de dominicos con que venía para fugarse a Chiapas, donde la Inquisición no supiera de él, dado su origen inglés; las andanzas de Gage (un tanto de "espía") en el

Nuevo Mundo fueron reconocidas en 1648, al publicarse *Survey of the West-Indies* (*Nueva descripción de las Indias Orientales*), donde relata sus múltiples experiencias culinarias con cierto saborcillo humorístico y dando siempre especial relevancia a "la excelencia gastronómica" de que siempre hizo alarde. Fue tanto su reconocimiento y valoración de las riquezas de la Nueva España, que finalmente concertó comunicación con bucaneros, al mando de Ricardo Cronwell, paisanos suyos con los que se embarcó como parte de una tripulación filibustera que intentó tomar por asalto el puerto de Veracruz en 1655.

No tiene la culpa el indio, sino el que lo hace compadre

No mucho tiempo había pasado, pero ya los instrumentos autóctonos habían dejado de tener sonoridad completamente indígena. Para entonces, los teponaztlis y flautas indias se mezclaban con los sacabuches, trompas, tamboriles, vihuelas y violas europeas que fray Pedro de Gante les había enseñado a tañer en Texcoco y México. El religioso belga puso un celo amoroso enseñando letras, escritura, música y canto, aprendidos por los indios con refinado talento para desbordarlo después en sus festejos, bautizos, bodas y fiestas patronales que les inculcó como constructor de iglesias y gran redentor de almas. Llegó a ufanarse de haber bautizado a más de dos mil naturales con este registro, y resultó promotor del más grande compadrazgo en la historia de la religión católica novohispana. Fue una persuasión espiritual que provocó una de las más importantes celebraciones familiares, fundamento y evolución de la cocina mestiza, en la que hasta la fecha todo mexicano tiene por costumbre "echar la casa por la ventana".

Ése fue un momento crucial en que la mexicanidad y la geografía fueron coto reservado para el criollismo español, que por detentar la autoridad relegó a indios, mestizos, negros y mulatos y por ende la evolución de su culinaria, que igual que la música, el atavío y el aprendizaje, se vieron sometidos a oscuras y soterradas restricciones de virreyes o lacayunos comerciantes enquistados en la producción novohispana. Por lo menos esto era lo que se suponía, sin embargo, todas las manifestaciones cocineriles de España observadas por los indios culminaron en la utilización de productos tales como las especias, carnes, verduras y cocimientos que luego fusionaron en sus cazuelas y ollas: por zanahoria, chayote; por alcachofa, jitomate; por cilantro, epazote; por ajo, chile; por vino, pulque; por pan, tortillas, creándose así mixturas de ida y vuelta por la vía del sincretismo para formar no una comida mexicana, sino dos: la india y la criolla, que por amoríos secretos se fue fundiendo en una sola, como dando a luz el crío vital del mestizaje.

A falta de pan, tortillas

El nacimiento y la comunión tuvieron como hostias el pan y la tortilla, alimentos que se encontraron entre la milpa india al momento de germinar los trece granos de trigo traídos por aquel esclavo[2] negro de Pánfilo de Narváez, que hoy, maravilla del encuentro, son sustento cotidiano en forma de taco o torta, en cada esquina.

También tras todo este contubernio español e indio, se encuentra la determinante influencia de negros y "moruchos", que con su arabización científica, musical, lingüística y culinaria, nos legaron productos fundamentales: acelga, alcachofa, espinaca, algarroba, azafrán, y en los gustos reposados: alfajor, café, alcohol, sorbete, jarabe (musical y extracto) y la fina masa del blanquísimo alfeñique, por supuesto elaborados en la alfarería mudéjar o "tequitqui"[3] que el barroquismo poblano tiene como cosas principales. Palabras árabes todas ellas confundidas entre el idioma castellano por el afán latino colector de cosas de todos los mundos. Y motivos por los que no se alcanza a comprender todavía a quienes ha correspondido en su tiempo hablar de la cocina mexicana, porque no lo han hecho en sentido ambivalente. Porque aunque no lo deseáramos, todo ello es producto de una práctica culinaria donde no ganó lo español, sino que fue resultado de una fusión, donde éste no resultó conquistador, sino que más bien fue conquistado por la gente, las cosas y los productos del país.

La Iglesia

Ajonjolí de todos los moles

Mientras se daba la colonización de la Nueva España y más tarde el virreinato, todos los conceptos religiosos y las costumbres prehispánicas intentaron ser removidas del ámbito y las conciencias de los naturales, cosas logradas a medias por evangelizadores y constructores de la nueva nación, puesto que si los españoles erigían un pueblo con nombre castellano, los indios de inmediato le imponían una palabra náhuatl; si se levantaba un templo católico, éste era siempre cimentado sobre las ruinas de una pirámide; si se asignaba una nueva divinidad o santo, por fuerza tendría que ser justificado por el sincretismo de algún dios autóctono; si alguna comida o nuevo sabor era propuesto por los dominadores, de inmediato surgía el indio o mestizo para sabrosearlo con algún producto nativo. Es por ello que en las ciudades y pueblos de México hoy existen nombres fusionados, argumento por el que en los fogones de monasterios y conventos eclesiásticos no pudo haber nacido comida o guiso que fuera espontáneo, o sin la participación de indios y mestizos.

Por ello es doloroso ver cómo tanta literatura de implícita dominación española da supuesta fe del nacimiento de nuestro recetario mexicano. Tantísimas cuartillas dedicadas a hermosear el afán de monjas y cocineras criollas y españolas, "que con sus manecitas sacralizadas" dieron hipotética vida a platillos que el común del pueblo tenía ya por cotidianos, y que por la única simpleza de haberlos tocado con este o aquel ingrediente, ya fuera propio o extraño, pasaron a ser propiedad indiscutible de los avasalladores. Aquí cabe recordar aquello de que quien gana las batallas gana la verdad; y en las "verdades" culinarias la Iglesia tuvo mucho que ver, ya que la inventiva popular de guisos, antojitos y moles que matronas indígenas y mestizas cocinaban en habilitados fogones (lo mismo que en cada hornillo familiar), tianguis, mercados y plazas públicas o a los cuatro vientos según su canónico dictamen, fueron santificada obra de los refectorios, al abrigo de la santidad monástica. Igual que (dicen) sucedió con la colocación de la gigantesca campana María de la catedral poblana, empresa que no pudo haberse logrado con el trabajo y la mano de obra indígena, sino sólo con la participación de céfiros y celestiales ángeles. *Vae victis* (¡Ay de los vencidos!).

Aunque al fin de cuentas hay que reconocer que, a pesar de tantas incongruencias históricas, la labor monacal en la evolución de nuestra gastronomía fue de vital importancia, ya que si bien no fueron las monjas inventoras del menaje culinario nacional, sí tuvieron la primacía de ostentarlos dada su "credibilidad divina" y medios económicos. De modo que aquellos pipianes, adobos, moles, biscochos, galletas, golosinas y licores delicadísimos, que supuestamente nacieron en las talaveradas cocinas y tras los portones barrocos de las construcciones religiosas, no fueron inventados por generación espontánea, ya que todas las cosas siguen una lógica evolución, y porque de hecho la tradición culinaria vino de todos y cuantos habitaron la Nueva España, ya fueran indios o españoles.

Por esa razón, tanto los guisos de las religiosas poblanas como los de las monjas de la Ciudad de México son muy similares, por fortuna éstos sin la intervención divina, por lo que las crónicas de Sor Juana Inés de la Cruz suenan lógicas y veraces. Son testimonios terrenales de una labor gastronómica muy cercana a la racional química renacentista, descubridora de cosillas ricas para satisfacción y ánimo de curas, frailes, obispos y virreyes de sibaríticas costumbres, pero al fin simplemente humanas.

OTROS RELATORES ANTES Y DESPUÉS

La visión frecuente que de cada una de las cosas tuvieron los cronistas del territorio conquistado fue a todas luces bajo un criterio personal; de otra manera, si éstos hubieran unificado criterios, las posibilidades de cotejo habrían sido mínimas. En virtud de ello es que sus cronologías dieron lustre o desvirtuaron lo narrado. Ejemplo a la mano fueron las disímbolas concepciones sobre la calidad y sabor de comidas y productos indígenas: para algunos fueron simplemente abominables y sólo a unos cuantos pudo satisfacer su paladar. Justa determinación, si tomamos en cuenta que la gastronomía y el gusto por las "buenas cosas" es relativo, producto de la cultura y educación familiar que no siempre es la regla, ya que existen individuos de extracción indígena a quienes el chile resulta picoso y desagradable; o a la inversa, sujetos de obvio origen europeo a quienes los lácteos resultan repugnantes, ya sea por sus distintos o fuertes sabores o bien porque suponen que les puede provocar fiebre de malta. Bajo estos ejemplos o algo parecido es que los cronistas se pronunciaron en contra. Razones "de fuerza" para la aportación de sus puntos de vista, en momentos con inteligencia y a veces simplemente peregrinos, como en el caso del Padre Landa.

Llegando y haciendo lumbre

Fray Diego de Landa, por su parte, en 1562 se constituyó, sin serlo, en inquisidor del Nuevo Mundo, al destruir en el fuego real y en el de su inconsciencia, códices y testimonios documentales de gran importancia para el discernimiento de la cultura maya, dedicándose después a rehacer casi de la nada lo que brutalmente había destruido. Landa (1524-1579), más que prototipo de hombre del Renacimiento, fue un cronista de carácter bizantino, a quien no impelió el conocimiento o la religión, sino el mundano y tenebroso poder.

En las páginas de su *Relación de las cosas de Yucatán*, de continuo deja entrever una completa aversión contra los indios, sobre todo en lo que atañe a sus fiestas, comida, música y baile. Veamos:

> [...] los indios eran muy disolutos en beber y emborracharse, de los cuales les surgían muchos males como matarse unos a otros, violar las camas pensando las pobres mujeres recibir a sus maridos [...] Y que hacen el vino de miel agua y cierta raíz de un árbol que para eso criaban, con lo cual se hacía el vino fuerte y muy hediondo, y que con bailes y regocijos comían sentados de dos en dos [...] Que muchas veces gastaban en un banquete lo que en muchos días mercadeando y trompeando, ganaban [...] Tienen atabales pequeños que tañen con la mano y otro atabal de palo hueco, de sonido pesado y triste, [...]

Estas narraciones seguramente Landa las recogió ya tarde, cuando la embriaguez ritual indígena se había convertido en aturdimiento cotidiano merced al infame deterioro de los dominadores. Respecto de la comida, sólo alcanza a comentar: "son muy partidos y hospitalarios porque no entra nadie en su casa a quien no den de la comida o bebida que tienen; de día de sus bebidas y de noche de sus comidas".

A cada quien su gusto lo engorda

Para terminar con los cronistas del siglo XVI, veamos qué pensaba sobre las cosas del paladar Joseph Acosta (1540-1600), religioso de Medina del Campo, paisano de Bernal Díaz del Castillo, quien al contrario del soldado cronista se manifestó como un estudioso de vivaz carácter científico, aludiendo en su obra (compuesta de siete libros) inteligentes conceptos sobre geografía, minería, botánica, zoología, astronomía, religión y sociedad, renglón éste que en ocasiones abordó con cierto desenfado, poniendo a flote su carácter mordaz, frío, calculador e incipiente. Es ésta, pues, su relación sin chiste de los frutos y la comida, con datos y conceptos que ya antes diversos narradores habían realizado con mayor elegancia. Analicemos:

> El principal beneficio de este cacao es un brebaje que hacen que llaman chocolate, que es cosa loca lo que en aquella tierra le precian, y algunos que no están hechos a él le hacen asco; por que tiene una espuma arriba y un borbollón como de heces;

110

aunque, para ser justos, Acosta olvida a ratos sus disertaciones negativas para referirse en buen tono al maguey o a los maravillosos productos que de la planta se extraen:

> Tiene unas hojas anchas y groseras, y al cabo de ellas es una planta aguda y recia, que sirve para prender o asir como alfileres, o para coser y ésta es la aguja [...] El tronco, que es grueso cuando está tierno le cortan y queda una concavidad grande, donde le sube la sustancia de la raíz, que es un licor que se bebe como agua, y es fresco y dulce, este mismo, cocido, se hace como vino y dejándolo acedar se vuelve vinagre [...] sirve de arrope, y es de buen sabor y sano, y a mi parecer es mejor que arrope de uvas.

Sin embargo, al dirigir de nuevo su pluma discrepante hacia "la poca generosidad" del árbol del guayabo, se expresa: "son otros árboles que comúnmente dan una fruta ruin llena de pepitas recias". Ya quisiéramos haber visto al célebre cura paladeando un exquisito ponche de Navidad, entre tejocotes, cañas y frutas secas, donde la guayaba olorosísima restaura cualquier gusto gracias a las delicias de su aroma y sabor balsámico, que ningún humano, por gañán que fuera, despreciaría. Guayaba de emanaciones "impúdicamente" deliciosas, que bien como fruto natural o como mermelada, perfuma y enriquece con creces bebidas y panadería de muy especializado paladar. Fruta que al fin Acosta desprestigió quizá por no haberla probado nunca, ya que de otra manera no existe explicación a tan aberrante actitud; así, continúa el lego gastrónomo lanzando improperios a la guayaba: "En tierra firme y en las islas, es

111

árbol y fruta de mala fama, dicen que huele a chinches, y su sabor es muy grosero".

Desde luego, el juicio sobre la deliciosa guayaba hecho por Acosta fue *a priori*, ya que sólo porque le dijeron y de oídas es que pudo externar tan aventurado concepto, todos sabemos el estupendo punto de vista que se tiene sobre este especial fruto, mayoría que supongo habrá de certificar que quien ha olfateado o ingerido chinches, no alcanza excelencia gastronómica.

Aceituna una; si es muy buena una docena
A falta de polla, pan y cebolla

Del aclimatamiento gastronómico de los conquistadores y de la culinaria hispana del siglo XVI, pero en especial el de la marinería en el Nuevo Mundo, bien poco se puede especular, ya que su dieta tanto en tierra como en alta mar consistía de agua, vino, aceite, pescado en salmuera, ajos, embutidos, mermeladas, nueces, corderos, gallinas, uva pasa (a discreción), carne salada y las comunes "galletas de munición" también llamadas "marinas", que más tarde fueron sustituidas en Cuba por el "pan cazabe", elaborado con harina de mandioca que "no echaba hongos ni gusanos con facilidad", según replicaron casi todos los cronistas españoles. Este régimen alimentario popular dejaba mucho que desear aun considerando los guisos, sopas, pucheros y asados ibéricos de tierra firme, de no mucha excelencia culinaria que digamos, platillos que con cierta facilidad pudieron haber olvidado al saboreo de los variados moles secos o aguados, las blancas y delicadas tortillas, o las carnes de caza guisadas, que en los pueblos recorridos les ofrecieron criadas y esclavas de los principales y caciques, quienes ante la sorpresa del poderío militar español admiraban que entre sus huestes vinieran bravos y quiméricos guerreros: mitad hombre, mitad animal; desconocidos centauros que por una de sus bocas comían el maíz cocinado y por la otra el grano duro de la mazorca rezagada.

Sin duda, muchos fueron los prodigios culinarios que los castellanos observaron en las mesas indias: frutos y golosinas de exquisito dulzor,[4] "superior al del arrope que produce el mosto de las moras"; también aquellas carnes adobadas y vaporizantes que al tacto se desmoronaban y que sólo era posible engullir sobre la redonda tersura de la tortilla de maíz cacahuacincle, carne vaporizada que los indios nombraban *tepachtle* y que, después, con el tiempo y el mestizaje se llamó barbacoa, a la usanza *taina,* según anota Antonio Bachiller y Morales en su obra *Cuba primitiva, origen, lengua, tradiciones e historia de los indios de las Antillas Mayores y las Lucayas* (La Habana, 1883, p. 211).

Esos frutos y comidas de la tierra conquistada, junto con el oro y los *chalchihuites,* poco a poco fueron enriqueciendo las arcas y los gustos europeos, soberbios placeres como el mole de guajolote o mole poblano, al que hoy en Europa y muchos lugares del orbe les ha dado por llamar "pavo al chocolate", que por centurias estuvo destinado exclusivamente a los paladares mexicanos. Estos moles tienen parentezco con los prehispánicos pipianes, que el sevillano Juan de la Cueva (1543-1610), con gusto y glotonería confiesa haber degustado (hasta el rezumo) de entre

113

los platos indígenas, para después volcar su experiencia en las llanezas del soneto del siglo XVI, donde con sensibilidad mundana dictó su "Epístola dedicada al licenciado Sánchez de Obregón, Primer Corregidor de México":

> [...] Seis cosas excelentes en belleza
> hallo escritas con C, que son notables
> y dignas de alabaros su grandeza:
>
> casas, calles, caballos admirables,
> carnes, cabellos y criaturas bellas,
> que en todo extremo todas son loables;
>
> bien claro veis que no es encarecellas
> esto, y que pueden bien por milagrosas
> venir de España a México por vellas.
>
> Sin éstas, hallaréis otras mil cosas
> de que carece España, que son tales,
> a la vista y gusto deleitosas.
>
> Mirad a aquellas frutas naturales,
> el plátano, mamey, guayaba, anona,
> si en gusto las de España son iguales.
>
> Pues un chico zapote, a la persona
> del Rey le puede ser empresentado
> por el mejor fruto que cría Pomona.
>
> El aguacate a Venus consagrado
> por el efecto y trenas de colores,
> el capuli[5] y zapote colorado;
>
> la variedad de hierbas y de flores,
> de que hacen figuras estampadas
> en lienzo, con matices y labores,

sin otras cien mil cosas regaladas
de que los indios y españoles usan,
que de los indios fueron inventadas.

Las comidas, que no entendiendo acusan
los cachopines[6] y aún los vaquianos,
y de comerlas huyen y se excusan,

son para mí, los que lo hacen vanos;
que un pipián[7] es célebre comida,
que al sabor dél os comeréis las manos.

La gente natural sí; es desabrida
(digo los indios) y de no buen trato,
y la lengua de mí; poco entendida.

Con todo eso, sin tener recato,
voy a ver sus mitotes[8] y sus danzas,
sus juntas de más costa que aparato.

En ellas no veréis petos ni lanzas,
sino vasos de vino de Castilla
con que entonan del baile las mudanzas.

Dos mil indios (¡Oh extraña maravilla!)
bailan por un compás a un tamborino,
sin mudar voz, aunque es cansancio oílla [...][9]

Para mi gusto, el poeta, dramaturgo y excelente comensal sevillano Juan de la Cueva, dada su liviandad y
buen gusto por las comidas y frutos mexicanos, debería
ser nombrado "Patrono Civil de la Comida Novo-hispana",
ya que en ningún cronista de la Colonia se encuentra tal
amor y sutileza por los menesteres gastronómicos de los
indios, experiencia que pudo capturar entre 1574 y 1577,
en sus preciosas Epístolas V y VI, ofrecidas: "al licenciado

Sánchez Obregón y al maestro Girón", respectivamente. De la Cueva, entre otras obras, fue autor en 1581 de la pieza teatral *El infamador*, de donde más tarde otros autores del siglo XIX (entre ellos José Zorrilla), entresacaron al personaje del Don Juan y el Don Juan Tenorio.

Arriba: Árbol del theobroma o cacao y la piña americana. *Op. cit.* Abajo: "Donde se hicieron los banquetes y se juntaron las comidas" (española e indígena del occidente de México, durante su conquista); de las gráficas y mapas del manuscrito de Beaumont, *México a través de los siglos*, de Vicente Riva Palacio. Edición facsimilar.

Sor Juana Inés de la Cruz, el fénix de todos los encantos

Se habían ido ya los tiempos de tempestad de la Conquista y la capital de la Nueva España gozaba de cierta calma. Entonces el gongorismo literario privaba en todos los ámbitos de la cultura junto con los tratados ptolomeicos. El pueblo entre sus diversiones mezclaba el chuchumbé[10] con zorcicos, zapateos, fandangos y xarabes[11] de extracción mozárabe[12] que pasando el tiempo definirían los sones y jarabes de carácter nacional. Todo este ambiente formaba parte del proceso culinario y gastronómico de la nación; por un lado, el pueblo recreaba su inventiva culinaria basándose en los orígenes de la cocina prehispánica, que con devoción incluía día a día especies y sazonadores de todos lados, pero en especial de España. El resultado de estas fusiones fue una mesa popular de abigarrado buen gusto: moles, pipianes, adobos, caldos de olla,[13] carnes asadas, cecinas y tasajos que anónimas fonderas aderezaban con guarnicionamientos de ensaladas, envueltos,[14] y las diferentes variedades de frijoles: refritos, maneados, parados[15] o guisados con su corona de totopos y queso añejo o de cotija desmenuzado. Por su parte, la población pudiente y la clase media sujetaban su comida a la usanza española o criolla europea, tomando consejos, fórmulas y recetas de voluminosos recetarios extranjeros que de algún modo también determinaron la evolución de la cocina mexicana.

Grabados de villancicos escritos por Sor Juana Inés de la Cruz, en la Ciudad de México en 1676. Influencia literaria de corte gongorista, que la Décima Musa tomó como ejemplo.

Gráfica del libro *Del encausto a la sangre: Sor Juana Inés de la Cruz*. Mirta Aguirre Carreras. Secretaría de Obras Públicas. México, 1975.

Al muele y muele, ni el metate queda

Mientras la culinaria mexicana evolucionaba en su entorno popular, simultáneamente irrumpía en fogones y refectorios monásticos de todo el país; por cierto, a Sor Juana Inés de la Cruz (1651-1695) le tocó aprender en dichos tratados, pero también es posible que los inventos cocineriles que menciona haber creado hayan tenido toda la influencia mexicana que supo dar a sus demás actividades, entre las que destacan música y literatura. Imprimió un golpecillo mágico de nacionalismo en el total de su extraordinaria obra, ya fuera trabajo intelectual o doméstico, como cuando de rodillas ante el metate molía cacao para preparar las monjiles tabletas del azucarado chocolate, o bien en aquellos momentos que ante las ollas y cazuelas se interrogaba sobre las diferentes reacciones químicas y físicas de las grasas, el agua, el hielo, los helados, el azúcar o los huevos fritos, que aunque labores terrenas, eran en esencia indispensables para la alegría del espíritu.

Lógicamente, las respuestas a estas interrogantes no le serían dadas por ninguna de las profesas o esclavas negras del convento jerónimo. Tal vez sólo Aristóteles tendría la respuesta adecuada, claro: ¡Si el filósofo griego hubiese sabido los goces de la gastronomía! Y si al fin de cuentas la filosofía aristotélica no pudo despejarle sus dudas, buen trabajo hicieron en cambio sus consultas al *Libro de Coch,* escrito en catalán por Maese Rubert, quien fuera cocinero real del "magnánimo" rey de Nápoles, Aragón y Sicilia, Alfonso V, o bien el análisis de las ilustraciones de suprema glotonería sustraídas de la *Re coquinaria* de Apico y las constantes ojeadas a los sabios escritos de Don Francisco Martínez Montiño, mayoral de las cocinas del melancólico Felipe IV, o por qué no, también sus desgloses al voluminoso *Libro de guisados* de Ruperto de Nola, impreso aún bajo el rudimentario procedimiento tipográfico inventado por Gutenberg hacia 1463.

Al caramelo y al asunto, darles su punto

Todas estas "deserciones" de la ciencia rumbo a la cocina, Sor Juana las disfrutaba en extremo. Según nos relata Don Artemio de Valle Arizpe, Juana de Asbaje, pese a su gnóstica convivencia con las cosas celestiales, no abandonaba fácilmente los asuntos terrenales, por lo que:

> La albura de su mano escribe versos como tañe lindamente el arpa, el laúd, la vihuela, la tiorba,[16] el clavicordio y el rabel, y pinta magníficas miniaturas [...] es diestra, muy diestra en el arte difícil de la confitura y hace a la perfección estupendos guisados [...] Sus dulces son una pura maravilla [...] Sus alfajores, de tradición morisca, sus melindres y sus amieles, sus yemitas acarameladas entre picados papelillos de diferente color, semejan extrañas flores, sus huevitos de faltriquera, sus alfeñiques, sus leves aleluyas, sus canelones de acitrón, sus tiranas de calabaza, sus refulgentes picones de camote con piña y almendra, de camote con naranja, o camote con chabacano, sus sonrozadas panochitas de piñón, ligero rubor hecho dulce, y sus eximios peteretes, sus mantecadas, y su gorgoja de ángeles y sus tortas rellenas y sus tortas pascuales y las empapeladas ya con barrocos dibujos de canela que exceden a todo gusto y todo aroma.

Alacena dulcera de fábula que por supuesto no dominó al dedillo Sor Juana, pero que en la narrativa de Don Artemio sorprende, ya que nos deja ver su refinada glotonería y sus vastísimos conocimientos sobre la confitería poblana.

Busca la olla nueva y tira la vieja,
que sólo la nueva el agua refresca

Mano santa de Sor Juana que también en la elaboración de refrescantes y sabrosos helados era inigualable, debido a la larga tradición aprendida en su niñez al pie de los volcanes de Anáhuac. Helados y aguanieve que durante esta época sólo cambiaron en su forma de elaboración, práctica más o menos parecida a la que los europeos conocieron al regreso del viajero Marco Polo de la legendaria China, dominio del Gran Kan. Por desgracia, los nativos prehispánicos no lograron intuir este procedimiento, aun teniendo a la mano el frío producto de los volcanes que, por otro lado, sí utilizaban para enfriar algunas bebidas. De paso, resulta curioso meditar cómo los muchos cronistas nunca se han detenido en el análisis sobre el viejo uso indígena del hielo, comentado sólo superficialmente sobre los peculiares cajones con arena donde se metían ollas de barro para conservar fresca el agua.

Pero volvamos de nuevo al lujoso ambiente de refinamiento cortesano, donde las preciosas jarras de cristal de pepita resguardaban el frescor y la fragancia del "agua de nieve", para saciar la sed de los comensales, y de inmediato entrar en condumio de las sabrosas y exquisitas viandas fuertes, que en esto, tanto en su vida laica como religiosa, Sor Juana, la excelsa, el primor, fue experimentada guisandera que disfrutaba el mundanal "chirriar" de aceites y mantecas, el olor sofrito de ajos, carnes, moles y chilmoles de abigarrada textura y sabor al México colorido de su infancia. O por qué no, pensemos también en su amplia experiencia como meticulosa repostera de aquellos finos "recados de chocolate" que, según costumbre novohispana, enviaba a la excelentísima virreina de Paredes dentro de un chapín de seda bordado con preciosura al exquisito estilo monjil del siglo XVII, gula pertinaz que el genio de Juana Inés entretejía con la delicada soltura de sus redondillas y villancicos:

> ¿Qué mágicas infusiones
> de los indios herbolarios
> de mi patria, entre mis letras
> el hechizo derramaron? [...]

Mientras toda esta pompa de exquisiteces culinarias, científicas, musicales y literarias rodeaban a Sor Juana, en el año de 1683, desembarcaba en Veracruz Don Antonio de Benavides, marqués de San Vicente, mariscal de campo y visitador de la Nueva España, enviado por el rey español; personaje legendario e incógnito al que por razones nunca explicadas, el entonces virrey de México Don Tomás Antonio Manríquez y Aragón de la Cerda, marqués de la Laguna, mandó aprender; y emisario real, a quien todos los habitantes a su paso por veredas y caminos desde Xalapa hasta la ciudad de México, llamaban, debido a ciertos malignos rumores, "el Tapado". Después del inquisitorial juicio a que fue sometido en la Sala del Crimen de la Ciudad de México donde le imputaron delitos nunca probados, finalmente el 4 de julio de 1684 fue ahorcado en la Plaza de Armas, de donde después los verdugos descolgaron su cuerpo para cortarle manos y cabeza (de acuerdo con la sentencia), que una vez enviadas a Puebla fue exhibida al pueblo en la entrada principal del Templo de la Compañía de Jesús.

Echarle chile al mole

Muy afortunado fue el virrey Paredes, marqués de la Laguna, en que la suerte le proporcionara un medio propicio para pasar a la historia de México no como simple, titubeante y déspota administrador de la Nueva España de 1680 a 1686, sino enmarcado en la fama del mole poblano, ese platillo nacional de hechuras barroquísimas, el más significativo, popular y delicioso de cuantos se hayan creado en nuestro país. Pero el caso es que no fue solamente el mole el que lo vinculó a nuestras tradiciones, fueron también los guisos y exquisitos requiebros literarios de Sor Juana y además el nacimiento de las primeras coplas del corrido mexicano, que el pueblo adjudicó al supuesto visitador Benavides, ajusticiado por haber sido supuesto espía o enviado de su Alteza María Ana de Austria, quien pensaba en reinar América tras un levantamiento dirigido por ella. Entre todas estas urdimbres culinarias e intrigas pululó el virrey de la Laguna, endeble personaje que había nacido en 1638 en una aldea llamada Cogolludo, provincia de Guadalajara, España, únicamente para acatar y supervisar órdenes de la realeza y sin él desearlo incrustarse con fuerza, tanto en nuestro sabroso recetario como en las páginas del cancionero popular mexicano.

A comer y a misa rezada, a la primera llamada

Después de ejecutado Benavides, el pueblo se dio a la tarea de diseminar por caminos y lugares públicos las "Coplas del tapado", versos que por la fecha de su aparición serían el primer antecedente del corrido mexicano, que ya el *Diccionario de Autoridades,* publicado en 1729, consigna como el inicio del género.

Pasado esto, Sor Juana siguió regalándonos con su fulgor asombroso de conocimientos que fue admiración de su tiempo y es delicadeza de nuestros días, mujer que supo explotar su leve estancia por la vida (44 años), devorando con fruición tratados de ciencias, matemáticas, música y teología. En especial los querenciosos volúmenes de gastronomía que en la niñez leyó detenidamente en la biblioteca de su abuelo. Vigor exploratorio aunado con las experiencias vividas en su provincial Nepantla, donde aprendió de indias y mestizas secretos culinarios que después la llevaron a inventar platillos de exquisitez a toda prueba, ya que de continuo aseguraba haber descubierto imponderables mezclas, guisos y confituras de gran ricura que a la vez le aportaron el conocimiento de muchos fenómenos naturales, por lo que dijo, según Valle Arizpe: "si Aristóteles hubiera guisado, mucho más habría escrito".

Don Artemio, individuo de grandes dotes historiográficas, aproximándose al erotismo en la descripción gastronómica, en casi la totalidad de su maravillosa obra sobre las costumbres mexicanas, describe con celo de amanuense cada una de las cosas, sabores y olores de nuestro recetario, en descripciones coloquiales sin la rigidez del lego en la materia. Razón por la que nos pone en conocimiento absoluto de la vida de Sor Juana, a quien nos idealiza inventando excelsos condumios, poniendo un poco de aquí y de allá en los guisos que la insigne monja sabía sabrosear con admirable conocimiento. ¡Salve Sor Juana y Don Artemio!

El comal le dijo a la olla

Por otro lado, es sorprendente también observar cómo a Sor Juana y al propio Valle Arizpe les saltan algunos detalles desviándose por información de terceras personas, sobre todo cuando describen aquellas mesas y cocinas repletas con tazas, platos, ollas, cazuelas y utensilios de loza de talavera de Puebla, cuando es lógico pensar que la alfarería y loza[17] de uso común durante aquellos años era proporcionada por los artesanos, hornos y alfares de las calles de la Barranca y Carrillo, en el Barrio de la Luz, de la ciudad de Puebla, así como también por las diversas guildas, gremios y cofradías[18] fabriles del Estado de México, Oaxaca, Querétaro y Michoacán. Era loza fuerte y apropiada para las hechuras guisanderas de cualquier cocina.

Sólo las ollas saben los hervores de su caldo

Juana Inés Asbaje Ramírez de Santillana, que antes de tomar los hábitos religiosos fuera dama de compañía de la virreina, marquesa de Mancera, cónyuge del virrey Man-

cera, célebre gobernante que puso de moda la taza choco-
latera conocida como mancerina, convivió alargadamente
los refinamientos de la corte entre lujosos ropajes, alegres
saraos, fiestas y vastas comelitonas en los salones palaciegos; ahí, para convidar y satisfacer a los invitados se disponía de mesas cubiertas con manteles radiantes de teji-
dos en "crochet", deshilados o bien con remates de
pasamanería en hilos de oro y plata. Todo este esmero era
atendido por heráldicos pajes que en su constante ir y
venir ofrecían calientes, o bien, refrigerados vasos de chocolate, aguas de frutas de la temporada, lo mismo que elegantes copas de cristal rebosantes de nieve de vainilla,
fresa, chocolate y coco, bebidas y nieves preparadas en
ollas de barro o tinajas de madera fabricadas en Los Reyes,
utilizando para esto el cristalino hielo traído del Popocatépetl, lugar cercano a la vera donde nació Sor Juana, "la
Décima Musa".

Si bien el uso del hielo entre los indígenas durante la
etapa prehispánica no produjo la misma práctica que los
españoles le propiciaron durante la Colonia, en cambio el
empleo autóctono motivó su explotación dentro de hosterías y fondas públicas, por lo que desde mediados del siglo
XVII, el virreinato creó un impuesto de este producto que
era recogido y transportado desde los volcanes Popocatépetl e Ixtaccíhuatl por especializados arrieros. En la ga-
rita de San Lázaro, dicho arancel era pagado a muy altos
precios dada la oferta y la demanda de numerosas fondas
y heladerías. Con base en esto se deduce un arraigado gusto por los helado y aguanieves entre la gente de la ciudad

de México. Relacionado con este gusto o necesidad entre los habitantes del puerto de Veracruz, Humboldt acota:

> Como un calor excesivo aumenta la acción del sistema bilioso, el uso de la nieve necesariamente ha de ser muy saludable en la zona tórrida. Se han establecido postas para llevar la nieve con mayor celeridad á lomo desde la falda del volcán de Orizaba al puerto de Veracruz. El camino que corre la posta de nieve es de veinte y ocho leguas. Los indios escogen los pedazos de nieve que estan mezclados con granizos conglutinados. Por antigua costumbre cubren estas mazas con yerba seca y algunas veces con ceniza, sustancias ambas que es bien sabido son malos conductores del calórico. Aunque los mulos, así cargados van de Orizaba a Veracruz á trote largo, se derrite más de la mitad de la nieve en el camino [...] A pesar de estos obstáculos los habitantes de la costa pueden diariamente procurarse helados y aguas de nieve. Este beneficio que no se disfruta en las islas Antillas, Cartagena y Panamá, es preciosísimo en un ciudad concurrida habitualmente de europeos y habitantes de la mesa central de la Nueva España [...][19]

Por su parte, la condesa Paula Kolonitz,[20] quien viajó a México en 1864, opina sobre la calidad del agua de la ciudad de México, relacionándola con el hielo:

> Esta agua es pura y sana pero no quita la sed y solamente se torna fresca con hielo. El Popocatépetl cubre las necesidades de todo México a excepción de Veracruz y las ciudades costeras, a donde el hielo llega por mar en grandes cantidades

traído de América del Norte. El consumo es desmesurado y hasta en los lugares más desiertos se ofrece al viajero en vasos de hojalata una especie de helado o limonada fría que, en aquellas tierras calientes, es un verdadero restauro.

OTROS GUARDIANES DE LAS SABROSURAS MEXICANAS

Entre otros celosos narradores de las linduras gastronómicas de México aparecen durante la segunda mitad del siglo XVIII, en primer lugar Antonio de Ulloa (1723-1789) y Francisco de Ajofrín (1719-1789), contemporáneos de Francisco Javier Clavijero, quienes proporcionan vastos conocimientos sobre las cosas del Nuevo Mundo, sobre todo del aspecto social que por naturaleza nos lleva hacia los temas de la comida, las celebraciones y la música. Pero correspondió sin duda al padre Clavijero, criollo nacido en Veracruz, ser el primer mexicano que tomaría la defensa nacionalista de México, rebelándose contra el despotismo "ilustrado europeo de su época". Entre las cosas que comenta en su obra *Storia Antica cavata da 'migliore storici spagnuoli a la manososcrita e della pitture antiche degl 'indiani* (historia antigua de México), resalta que los mexicanos a través de su mezcla hispano-indígena encontraron el punto exacto de nación conducente a la mexicanidad. Durante todo su trabajo corrige y puntualiza a los detractores de la nueva nacionalidad, entre ellos a Antonio de Ulloa.

Clavijero es tajante en el curso de su defensa, llevado por su inmenso amor a la tierra americana, territorio que conoce muy de cerca mientras visita Puebla, Tepozotlán,

Oaxaca, Morelia, Guadalajara y el norte del país. Mientras realiza su recorrido por la nación, el religioso, con la objetiva imagen de los jesuitas, discierne sobre la personalidad de los mexicanos:

> Son y han sido siempre muy sobrios en la comida, pero es vehemente su inclinación a los licores espirituosos. En otro tiempo, la severidad de las leyes los contenía en su beber; hoy la abundancia de semejantes licores y la impunidad de la embriaguez los ha puesto en tal estado, que la mitad de la nación no acaba el día en su juicio [...] Jamás se percibe de la boca de un mexicano aquel mal aliento que produce en otros la corrupción de los alimentos [...]

Este inteligente razonamiento se debe a conceptos vertidos antes por cronistas, entre los que se encontraba López de Gómara, quien desatinadamente y a boca de jarro externó en la vaguedad de sus párrafos:

> quieren bebida que los embeode y desatine, y entonces mezclan ciertas yerbas, que o con su mal zumo, o con el olor pestífero que tienen, encalabrian y desatinan al hombre muy peor que vino puro de San Martín; y no hay quien les pueda sufrir el hedor que les sale de la boca [...]

Bajo esta premisa, filósofos, cronistas, viajeros y pensadores como Helbach y Montesquieu también alabaron las contradictorias parrafadas de los cronistas antiguos, que Clavijero condenó avalado en la certeza de una verdadera razón ilustrada americana, dando pruebas fehacientes sobre la forma de cultivo de la tierra y muy en especial en lo referente a la creación de la agricultura "chinampera", de la que dice: "para cultivar, formando en el agua aquellos campos flotantes[21] que con tantos elogios han celebrado los españoles y los extranjeros, y que hasta ahora son admirados por cuantos navegan por aquellas lagunas". Se refiere a los islotes o chinampas de gran peculiaridad donde los mexicanos cultivan hasta hoy día toda suerte de flores, hortalizas y maíz, formalizando así desde antes de la Conquista, su proceso culinario y gastronómico popular. Amplio y rico horizonte de cultivo en cuanto al desarrollo de recetas cotidianas que son hoy parte del consumo en otros países, como por ejemplo: huauzontles en caldillo, pato al lodo, tostadas y pastelillos de alegría (amaranto o huautli), frijoles quebrados con calabacitas, chayotes y nopales al vapor con chile y epazote, tacos y "quesadillas" de huitlacoche, etcétera, labrantíos indígenas que en su ponderación, Clavijero termina confrontando: "y otros vegetales que sirven únicamente a las delicias de la vida, eran cultivados por ellos con suma diligencia".

Humboldt, el ilustre visitante

Tal vez el más objetivo, acucioso e inteligente viajero que ha pisado tierras mexicanas fue el barón Alejandro de Humboldt (1767-1859), observador crítico de las cosas y productos del continente, pero en especial de lo mexicano. En su *Ensayo político sobre el reino de la Nueva España*,[22] obra de gran rigor científico, informa de diversos aspectos económicos, políticos, de producción, de cultivo y sociedad, aunque también de vez en cuando muestra desdén hacia productos como el pulque, que no fue de su particular gusto. ¡Una cosa por otra!

Humboldt llegó a México el 22 de marzo de 1803, desembarcando de la fragata Orué en el puerto de Acapulco, para más tarde realizar subsecuentes expediciones científicas de México a Real del Monte, Guanajuato, Puebla, Jalapa, Perote y Veracruz. La información de sus exploraciones y descubrimientos fue vertida en las obras *Atlas pittoresque du voyage. Vues des cordillères et monuments des peuples indigènes de l'Amérique,* el atlas geográfico y físico, y su conocido *Ensayo político sobre el reino de la Nueva España.*

En marzo de 1804, durante su estancia en Puebla, Humboldt fue hospedado en el antiguo Hotel de Diligencias, a un lado de la casa donde muriera la "China Poblana", edificio donde en la segunda mitad del siglo XIX, Juan de la Granja estableció la primera oficina de telégrafos de la ciudad. Por cierto, también en ese lugar la compañía norteamericana de diligencias Wells Fargo tuvo su posta local. En este sitio, el viajero fue por vez primera iniciado en los yantares de platillos, biscochos y la excelente dulcería poblana que, supongo, llenó los requerimientos de un paladar experto en múltiples y heterogéneas cocinas.

Durante su recorrido por el territorio mexicano, Humboldt encontró muchas cosas sobre la vida y costumbres de sus habitantes que por supuesto mencionó con amplitud. En lo relativo a la comida y enseres de ésta, nos proporciona información detallada, así como remedios tradicionales a base de yerbas y otros productos naturales.

De sus fiestas y costumbres da santo y seña definiendo la alegría o hermetismo en que se desarrollaban.

Aceite, vino y amigo, mejor si son de antiguo

En lo relacionado con las importaciones del comercio que de España a México se realizaban durante el año de 1803, para cubrir objetivos alimentarios, por las características de los productos que enumera, se deduce que éstos fueron destinados al consumo de las clases acomodadas. Para ello, Humboldt exhibe una balanza comercial realizada en la aduana de Veracruz, donde resalta producto, cantidad y valor. Todos estos insumos eran, según veremos, para el regodeo gastronómico del criollismo, pero a su vez para ciertos sectores de la clase media baja que ya habían incluido dichas especies en sus mesas desde generaciones atrás, independientemente de que estas aportaciones formaban parte ya de guisos y platillos mestizos de uso cotidiano en toda la nación.

Denominación	Cantidades	Valor
Vino blanco	7 597 toneles	142 367
Vino tinto	17 520 íd.	267 870
Vino en botellas	23 455	8 974
Vinagre	705 íd.	8 583
Aguardiente	31 721 íd.	1 105 859
Aceite de aceitunas	12 479.5 arrobas	37 722

Denominación	Cantidades	Valor
Azafrán	17 144.5 libras	344 087
Almendras	1 298 quintales	34 825
Avellanas	255.5 íd.	4 201
Aceitunas	21 611 barriles	30 609
Alcaparras	193 íd.	5 609
Yerbas aromáticas	68 quintales	659
Aceite de linaza	125 íd.	250
Pasas	1 107 íd.	12 749
Higos	631 íd.	1 604
Ciruelas	36.5 íd.	797
Frutas en almíbar	259 arrobas	380
Jamones	147 íd.	1 341
Chorizos	175 docenas	350
Especias	—	1 287
Fruta en aguardiente	600 frascos	300
	Valor total en pesos:	2 010 423

El desglosamiento que el científico berlinés hizo de este tipo de importaciones y de otros renglones de exportación de México a España, como por ejemplo la compra de papel estraza,[23] tapones de corcho, loza ordinaria, licores finos, cerveza, fideos, pescado salado, etcétera, nos da una clara idea de las restricciones que el gobierno de ultramar imponía a la Nueva España, de las que el mismo Humboldt dijo más o menos tras observar el potencial de México: "Cuando este país se desligue del yugo de la metrópoli, se iniciará el avance no solamente de aquella nación, sino también el de todo el continente americano".

El ilustre viajero tenía mucha razón, aunque por desgracia muchos de estos productos se siguen importando de Europa gracias a su excelente calidad, en especial en lo que al renglón de aceites de olivo se refiere.[24]

Resulta interesante desglosar los insumos de la tabla comercial analizada por Humboldt, ya que de paso relaciona gran parte de los productos utilizados con profusión en fiestas y celebraciones tradicionales mexicanas, conmemoraciones en las que por orden cronológico está en primer lugar la Semana Santa, luego Todos Santos y al finalizar el año, la época de posadas y Navidad, fiestas todas de carácter sincrético con España y la religión católica, que han suscitado un mestizaje culinario de asombrosos resultados, como por ejemplo: el uso generalizado del bacalao "a la mexicana", sin discusión derivado del estilo vizcaíno, pero al modo mexicano con la adición de papitas de Cambray, jitomate y chiles "güeros", que resulta, para mi gusto, superior al estilo "Pil, pil" de origen vasco o del bacalao a la "Lluana" que el pueblo catalán tiene por uno de sus mejores platillos. Dentro del mismo índice aparecen también el vino blanco, pasas, higos, frutas en almíbar y ciruelas (secas) que especialmente en Navidad se utilizan para elaborar ensaladas de exquisita presencia y delicado sabor.

Ya entrados en gastos, no puedo resistir la necesidad de proporcionarles la receta de ese delicioso bacalao "a la mexicana" que por generaciones mi familia ha dispuesto en sus mesas, receta que mi bisabuela Camila Rodríguez Yarce guardó con apasionado celo en una amarillenta página de su recetario bien amado:

Bacalao "a la mexicana"

Ingredientes:

2 kilos de bacalao[25]

4 cebollas

1 cabeza de ajo

3/4 de kilo de jitomate bola

1/2 kilo de papa de Cambray

6 ramitas de perejil

30 aceitunas (olivadas, no negras)

30 alcaparras

1/2 litro de aceite de olivo

10 chiles largos o güeros en escabeche

Modo de preparación: Un día antes se pone a remojo el bacalao o campeche, al siguiente se hierve durante 20 minutos y ya frío se desmenuza en hebras finas. Se pica la cebolla, el ajo, el perejil y el jitomate. Las papitas se cuecen y se pelan. Una vez listo el recaudo, se sofríe a fuego lento en un cuarto de taza de aceite de olivo al que se incorpora el bacalao adicionándole lo que resta del aceite. Cuando el pescado esté ya casi seco y "chinito", se adicionan papas, aceitunas y alcaparras junto con una cucharadita cafetera de las respectivas salmueras y sal al gusto. Rinde para 20 platos y se sirve acompañado de los chiles güeros, que pueden ser sustituidos por rajas de cuaresmeño en cebolla y aceite de olivo, o bien, chipotles poblanos en escabeche y piloncillo, recetas cuya elaboración daremos en el bloque correspondiente al recetario.

Después de esta inevitable digresión gastronómica, entremos de nuevo a las observaciones del barón Humboldt para atisbar sobre la producción nacional, tanto de productos naturales como de objetos cotidianos para el desarrollo de la mesa mexicana, y también de la culinaria europea y mestiza de las colonias españolas en el continente: en el renglón azucarero, por ejemplo, México envió a España durante el año ya mencionado 483 944 arrobas con un valor de 1 495 056 pesos fuertes; exportó también vainilla, pimienta de Tabasco, achiote, zarzaparrilla, harinas, lozas comunes y diversos comestibles, productos en su mayoría devueltos después ya elaborados y que obviamente pudieron haberse fabricado en mayor proporción y calidad dentro del país. Estas medidas impositivas por la fuerza de sus restricciones propiciaron la total desaparición de industrias e insumos que durante mucho tiempo tuvieron gran auge comercial en México. Sobre este fenómeno explica:

La ciudad de Puebla fue en otro tiempo célebre por sus bellas fábricas de loza y de sombreros. Hemos observado más arriba, que hasta el principio del siglo XVIII, estos dos ramos de industria vivificaban el comercio entre Acapulco y el Perú. Hoy las comunicaciones entre Puebla y Lima son casi ningunas, y las fábricas de loza han disminuido de tal manera, con el poco valor del vidrio y porcelana de Europa que se introduce por el puerto de Veracruz, que de 46 fábricas que se contaban todavía en 1693, no quedan, en 1802, más que diez y seis de loza y dos de vidrio.[26]

Desde luego, Puebla se distinguió desde finales del siglo XVI por su magnífica capacidad de producción en los renglones de loza y vidrio blanco verde o azul, aparte de las exportaciones de cueros para chicharrón, embutidos, manteca y cebo de puerco y harinas de trigo que eran enviadas por el Atlántico a Cartagena, Colombia, y por el océano Pacífico al puerto de Lima, cubriendo nuestro país un valioso mercado y rutas marítimas que no sólo influyeron en estos países desde el punto de vista comercial, sino también en lo musical y culinario, como por ejemplo la presencia del rompope en casi todo el territorio colombiano, donde se le conoce como "sabajón", y además la práctica gastronómica de la "bandeja paisa", compuesta de una timba de arroz cocido, varias tiras de chicharrón, frijoles y una especie de guacamole, "rancho" similar al que todavía subsiste en algunas regiones serranas de Puebla y Oaxaca.

Estos productos más tarde y pese a su declive estuvieron de venta al por mayor local hasta 1810, varios años después de la construcción del nuevo "Parián"[27] poblano, levantado entre 1799 y 1803, durante la gestión del gobernador-intendente Manuel de Flon. Incluso una vez trasladados los comerciantes de la ciudad al nuevo edificio, antiguos contratadores de mercaderías de la Nao de China participaron con amplitud en la vida comercial de dicho centro, donde también estuvieron presentes mayoristas de loza y vidrio común de los barrios de la Luz y Analco.

Al vino con mucho tino, que es animal dañino

En este Parián se comerciaba también con aguardientes, catalán, jerez y por supuesto con vinos de la Rioja, de los que Humboldt comenta que eran muy cotizados, pero que mermaban su consumo con la fabricación de aguardientes de caña producidos en el país. Humboldt en su tabla demostrativa habla de "aguardiente", pero en realidad se trataba del famoso "chinguirito", bebida elaborada por el fermento de mieles de caña de azúcar que generalmente el pueblo mezclaba con pulque. Esta bebida, desde su origen y fabricación clandestina en México hacia 1630, permitió el desarrollo de fiestas y comelitonas donde la embriaguez se hacía muy presente, enmarcada por los incipientes grupos musicales, ejecutantes de sonecitos y bailes de origen andaluz que más tarde dieron paso al jarabe y al huapango. Finalmente la producción y consumo del chinguirito o aguardiente, fue aprobada por Don Miguel de la Grúa y Talamanca, marqués de Branciforte, quincuagésimo tercer virrey de la Nueva España, con la consigna de anular el nombre de "chinguirito" y emplear el de aguardiente, que de alguna manera daría pauta a la creación casi generalizada de maceraciones a base de frutas (el "tejocote", por ejemplo)[28] y alcohol en sustitución de brandys o rones de las Antillas, que resultaban de elevado costo al grueso del pueblo.

Humboldt, con mucho respeto, habló también sobre el clima y la pureza del agua, que de alguna manera ha formalizado el cultivo y la elaboración de alimentos, de los que algunos llegaron a parecerle exquisitos y los más, impropios para su europeo paladar. De igual modo, captó temprano los movimientos que perfilaban la independencia de México ante el yugo de la madre patria.

ANTE LA INDEPENDENCIA DE TODO

Desde los primeros años del siglo XIX, México intentaba despertar ante la perspectiva de nuevas posibilidades. Entonces la música se diseminaba vía el corrido por todos los caminos y veredas de la nación. Los chinacos junto con sus chinas, quienes durante la guerra de intervención francesa habrían de luchar al lado de Juárez, por estos años presentaban una imagen incipiente de lo que después sería el charro mexicano. Por otro lado, la comida mexicana había alcanzado tal grado de calidad, que el pueblo incluía a menudo entre sus romances o coplillas guerreras, renglones relacionados con la comida:

> De clemole[29] o caldo en tornachile
> todos los días de guerra,
> prefiero el mole de olla sin vacile
> aunque por ello de picor me muera.
> Pero al virrey, chaqueta,[30] vé y dile
> que morirá en vulgar salmuera
> mañana, o cualquier día de desfile.

> [Popular]

Así como el pueblo mexicano había determinado ya su separación de España, también se encontraba en el momento cumbre de su elaboración culinaria y en especial del mole poblano, los adobos de variados chiles y especias con ternera o carne de puerco, pero sobre todo de la creación fritanguera, síntesis del antojo facilón. Por su lado, la canción mexicana a partir de estos años estaba ya consolidada por ciertas características del *son* y la *canción,* que permitirían más tarde el auge del jarabe urbano[31] y el jarabe encadenado, bailes que el cura Miguel Hidalgo disfrutaba ver ejecutados por indios y mestizos de su parroquia, saraos que él mismo acompañaba con su guitarra y estilo pespunteado que aprendió durante su estancia en el curato de la provincia de Colima, junto con un músico y familiar suyo llamado José Santos Villa, con el que llegó a formar una orquesta que amenizaba los tablados y noches mexicanas en favor de los indígenas. Éstas eran ampulosas fiestas, fandangos y peleas de gallos, donde el comer y beber, junto con las cuartetas contra el supremo gobierno virreinal, eran cosas de obligación.

Viva la Guadalupana

Viva la Guadalupana,
viva por el mundo entero
y a todos esos chaquetas,
cuero, cuero, cuero.
Rorrito, rorrito,
rorrito y andar

que refuerzo de España
no lo han de mamar".

[Popular]

A raíz del grito de independencia los insurgentes co-
reaban estas coplillas contra los gachupines "mandándo-
los a *noramala* para que no volviera a saber de ellos la
Nueva España", mientras en la ciudad de México, la población consumía chocolate a todas horas: en el desayuno, la
merienda, la cena y aun entre comidas como golosina, ya
que existían muchas fábricas de este producto. Y así como
se consumía el chocolate, nos cuenta Don Luis González
Obregón, los lugares de "los sagrados alimentos" se encontraban siempre llenos. Entonces no se llamaban "restaurantes, sino fondas o almuercerías, en las que se servían
platillos a la usanza del país: arroz a la valenciana, huevos
estrellados, puchero, asado de pollo, chiles rellenos y mole
de guajolote", excelsitudes gastronómicas que daban el
contorno de una mesa mexicana bien definida, pero con la
participación hermanada de guisos al estilo español. A las
chinas se les veía en los mercados con la canasta en el brazo, cargando gallinas, guajolotes, quesos, tortillas, pan y la
colorida explosión de las frutas del tiempo para la preparación de las aguas frescas, que ellas sabiamente disponían a la entrada de la almuercería en grandes, bellas y
fuertes ollas de barro de Puebla, de la más chiquita a la
más grandota, todas ellas cubiertas con alfalfa, flores y
palmas que subían hasta la corona del recipiente, donde a

141

manera de tapa se encontraba una charola de madera laqueada de Oaxaca, Guerrero o Michoacán.

Cerca de donde estaba una fonda o un tenderete improvisado de comida, no faltaba la "agualojera", "la chiera" o vendedora de aguas frescas ataviada de china poblana con su blusa bordada, collar de oro y carey o coral, zagalejo y castor de lana y lentejuelas de colores, chapín de seda y mascada o mantón de Manila de auténtica fabricación oriental, voceando sus magníficos refrescos de tejocote, tuna, chirimoya, sandía, melón, piña, naranja y horchatas de coco, almendra, piñón y arroz con canela y vainilla de Papantla, despertando los vasos de vidrio regional dispuestos sobre las lacas indígenas, el apetito visual por el vaho del hielo impregnado en los recipientes. Carámbanos traídos a Puebla del Popocatépetl por la ruta de San Nicolás de los Ranchos y Huejotzingo, de donde se acarreaba también el musgo, los helechos y la lama para el adorno de las enramadas; y con los gritos de la vendedora, muchas veces se confundían los gritos de las chaluperas y las vendedoras de garnachas, chanclas, guajolotes (pan similar al pambazo), pambacitos y memelas, que eran ofrecidos con sendas jarras de pulque curado de todas las frutas imaginables. Esta cantaleta era normal en las esquinas de las calles del centro y más común junto a los templos. Esto que sucedía en la bella Angelópolis, se daba también en muchos lugares de la ciudad de México, donde la "agualojera" se llamaba "chiera" o aguadora a la que se le veía con más asiduidad en los jolgorios de Santa Anita y los demás canales de la ciudad, aunque también frecuentaba algunas esquinas del zócalo donde, al igual que las chinas de Puebla, montaban bellísimos templetes cubiertos de flores ofreciendo sus productos en jícaras y vasos de cristal de pepita de Texcoco. Para esto, Don Antonio García Cubas en *El libro de mis recuerdos*, nos dibuja la bella tradición con cuidadoso esmero:

Al detenerte, amable lector, ante uno de estos puestos, no podía menos que embelesarte el donaire con que la chiera servía sus aguas frescas. Unas jícaras de calabaza pintadas de rojo y adornadas con dibujos de pájaros y flores, conforme al arte indígena y algunos vasos de cristal [...] Los tales puestos de chía eran barracas, de nueve o diez varas cuadradas. Tres lados quedaban cubiertos con biombos viejos, con petates y carrizos [...] y difícilmente podías hacerte el desentendido al llamado de una guapa chiera que con voz melosa te decía. Chía, horchata, limón, piña o tamarindo, ¿Qué toma usted mi alma? Pase usted a refrescarse.

Imágenes que Carlos Nebel, Linati, Primitivo Miranda, Zamarscki, Dittmarsch, Raymond, Authwite, Lehnert, Delannoy, Orr, Rugendas y tantos otros mexicanos y extranjeros contemplaron, pero donde sin duda el pintor tlaxcalteca José Agustín Arrieta, en la segunda mitad del siglo XIX, con espíritu de arraigo popular y espontáneo costumbrismo, plasmó la multifacética cara del pueblo en alacenas, bodegones, tipos populares, soldados, borrachos, chinas y agualojeras, aunque sobresale la esencia gastronómica del pueblo, que iba del manjar cotidiano de las "picadas con salsa verde y roja" acompañadas de un vaso de pulque blanco, hasta la generosidad burguesa del estañado pichel alemán, la jarra francesa de cristal lechoso, las copas de bohemia, el plato, la taza y el tibor de talavera, o los cristales italianos prensados en color humo, café, azul, rosa o verde agua, que hacían compañía a piececillas de porcelana china o japonesa que en contraste antipodal, Arrieta sabía disponer junto a un jarrito de barro negro vidriado del Barrio de la Luz.

Aguador y tabernero, del agua hacen su dinero

Chinas vendedoras de aguas frescas, traficantes de pulque curado, cocineras, almuerceras, fonderas; todas, centro de atención de "pisaverdes", soldados, léperos, chinacos y hasta de bonachones clérigos. Mujeres que transformaron el desarrollo culinario del país, ya en el hornillo doméstico, el figón mercadero o en los vivaques insurgentes del caudillo Morelos, los Galeana o el amulatado Vicente Guerrero. Hembras ajenas a las "currutacas y petimetres" de la ciudad, que llenas de caprichos satisfacían sus gulas y vanidades en las pulperías donde se premiaba al comprador de tabaco, cigarros o coñac, con el tradicional y azucarado pilón de colores; o bien las compras de ropa en el Parián, donde los escaparates de mármol y cristal exhibían crujientes sedas, *calicots*, artículos de oro y plata y los esenciales encajes: atavíos que de vez en cuando se dignaban visitar los paseos del Pradito de Belén y el de la Viga, también conocido como la Orilla o las Laderas de Jamaica,

144

donde las damas de trajes relucientes navegaban en trajineras adornadas de flores, cual jardín flotante

> en las que al son de arpas, vihuelas, guitarras, tamboriles y flautas, bailaban y cantaban jarabes y palomos, léperos, charros [sic] y gatas, de vestimentas deslumbrantes por los colores de las telas, el satín de los razos [sic] de las faldas y los chapines, y el brillo y cabrilleo de los galones, lentejuelas y piedras falsas,

cuadro complementado por jinetes de briosos caballos, ricas damas y señorones de grandes relaciones políticas que nos muestra en su libro *La Vida en México en 1810*, González Obregón, crónica repleta de anécdotas, paisajes y relatos de sabrosura cotidiana.

Es tan bueno como pan con atole

Al asomarse a la vida popular de México, el jarabe surgió simultáneamente en casi todas las grandes ciudades del país, y cada lugar que lo recibió, aporto su forma de vida, cosas, sucesos y hechos. Así, comida, bebidas, atavíos, personajes y ciertos sones de vieja factura, como "Los Enanos", "El Durazno", "El Perico", etcétera, pasaron a motivar este naciente baile que con el tiempo sería nacional.

Refiriéndose al "Jarabe de Puebla", Miguel E. Sarmiento, historiador poblano, nos narra sobre sus manifestaciones urbanas, ligadas a la panadería:

[...] la gente lo llamaba Don Leandrito, y ya en esta posición conquistada a base de sacrificio, perdió los bártulos y autoritariamente intervenía en todo problema, creyéndose hombre indispensable y de gran importancia, y así fue que sin consultar a nadie, bautizó a su establecimiento de esta manera: LA BIENESA GRAN FÁBRICA DE VICOCHOS DE UEVO.

Nada le valió la intervención de su amigo el párroco y, entonces, alguien que conocía sus antecedentes y su obcecación, le compuso la siguiente copleja:[32]

> Pero ay cocol
> qué no te acuerdas
> cuando eras chimisclán,
> cuando bailabas de punta y talón
> allá en los barrios de San Sebastián.

Con toda seguridad la época a que el señor Sarmiento se refiere debe encontrarse entre 1832 y 1839, cuando este baile en la ciudad de Puebla todavía no insertaba la modalidad del "jarabe de chimiztlán",[33] existiendo tan sólo el "pan de jarabe", el "pan de manteca" y "el jarabe de atole". Continúa narrando Don Miguel:

Ciertamente en el antiguo barrio de San Sebastián que por aquellos años aún estaba fuera de la traza de la ciudad, se celebraba una famosa verbena todos los años [...] A dicha verbena concurrían principalmente el gremio de panaderos que, después de empinar el codo más de lo debido, se entregaban a celebrar al Santo, bailando el famoso jarabe, llamado de punta y talón. A estas fiestas como es natural, concurría nuestro Leandrito, y cuando ya fue Señor Don, vió con menosprecio a sus compañeros que lo apodaron el Chimisclán, nombre dado por la gente del pueblo a un pan de forma romboidal, de masa corriente bañado en miel de piloncillo. Tal es el origen de ese cantar poblano que por muchos años ha corrido de boca en boca y que en más de una borrascosa zambra, se acompañó con el rasgueo de la vihuela.

De hecho, al jarabe, su nombre propio y los demás calificativos posteriores, el pueblo se los impuso tomando en cuenta ciertos elementos cotidianos de la gastronomía popular; tal es el caso de los atoles, los panes y algunos moles de olla:

Y soy como el espinazo,
pelado pero sabroso.

[Popular]

Tiene gusto y paladar de arriero

No sé por qué existe la creencia popular de que los arrieros carecen de buen paladar para apreciar comidas y bebidas. Incluso, las crónicas al respecto nada refieren de su capacidad gastronómica. Sin embargo, habría que recapitular sobre dichas observaciones. En principio, iniciando por reconocer que ellos a lo largo de casi cinco siglos han sido importantes precursores del intercambio, distribución, consumo y auge de muchos aspectos relativos al desarrollo del país, conceptos que atañen al apogeo del comercio, la música, el atavío y en especial de la comida, ya que desde el inicio de la Colonia espontáneamente contactaron con las regiones más apartadas de la nación gracias a sus continuos viajes. Idas y regresos en que siempre llevaban y traían recientes cosas, ya fuera el nuevo estilo musical, las coplas, la noticia, el género textil, la bisutería, el producto suntuario, el utensilio indispensable, o bien la nueva y sabrosa receta para el enriquecimiento de la cocina familiar primero, y después de la comunidad, para luego diseminarla por todos lados.

Para la existencia de la arriería tuvieron que haberse creado mesones, posadas, hosterías y múltiples lugares que sirvieron como centro de operación y refresco para las comitivas de arrieros, ayudantes, carretas, mulas, asnos y caballos. En nuestro país, los mesones fueron incontables. Los había por todos lados: en las entradas de pueblos y ciudades, en las calles céntricas, entre poblaciones y rancherías.

Antes de la Conquista, el comercio y su transportación se ejercía gracias a los llamados *potchecas,* individuos pertenecientes a la nobleza indígena, aptos en relaciones comerciales, políticas y militares, actividades que se realizaban bajo la consigna de sumisión al imperio mexica, que llevó sus embajadas y tráfico comercial hasta las lejanas tierras del Darién. Esas mercaderías eran transportadas por hombres llamados *tamemes,* quienes recorrían distancias asombrosas con la carga a cuestas, caravanas humanas que abrían caminos de trueque o dominio, gracias a la diplomacia o a la imposición militar azteca.

Con la presencia de las recuas españolas, México dejó atrás la transportación "rudimentaria" realizada por los potchecas, supliendo las bestias de carga este penoso trabajo entre los indígenas. Nació desde entonces "la leyenda de la arriería mexicana" que abrió brechas, rutas y escabrosos caminos que pronto comunicaron a la mayor parte del país. Al principio, el más importante recorrido de mulas fue cubierto desde el puerto de Veracruz hacia la ciudad de México, tomando como primer punto de descanso a la Puebla de los Ángeles. Con la apertura de la ruta marítima comercial Acapulco-Manila, surgió el llamado "Camino de Herradura" del Oriente que cubría puntos terrestres entre Acapulco, Morelos, Puebla, la ciudad de México, Veracruz y algunos lugares del occidente, como Querétaro, Guanajuato, Guadalajara y Colima.

Dice la india al arriero:
entre más lépero más te quiero

La llegada de las recuas a cualquier mesón del país por lo regular entregaba las mismas escenas: cuadros cotidianos de descarga, alimentación de las bestias, y al final, el esperado rito de la comida ante los figones y braseros de barro coronados de hirvientes ollas y cazuelas. Recipientes que con viveza sazonaban moles "aguados", frijoles con chicharrón, caldos de chito, cadera, zancarrón o espinazo, aunque era común también la presencia de los chilmoles, las ollas podridas y antojitos de fácil elaboración accesibles para los arrieros de ínfima categoría. Estos sabrosos condumios en

CHINA

"[...] La China es una noche danzarina/ con un cielo estrellado como falda,/ que hace sonar el ululante coro;/ y en el cielo la noche es otra China/ de falda azul, con lentejas de oro".

[Gregorio de Gante. Extracto del poema "La China Poblana"]

PETRIMETE

"Las damas le aclaman/ *Por Parisién* fino./ Los gestos estudia,/ sabe los cumplidos,/ se postra hasta el sueño,/ saluda expresivo:/ lisonjea, adula,/ anda muy pulido/ de *Minué* con pasos,/ haciendo pinitos".

[Soneto, anónimo]

"No dejan café,/ fonda, bailecillo,/ donde se metan/ por ser socorridos.../ ¡Pobres *Recetantes*,/ pobres *Manojitos*!".

[El Chulito Flégile Pavea. Seudónimo]

CURRUTACA

"En los días más festivos se presentan indecentes,/ incautas e irreverentes, /con ademanes lascivos.../ Con las túnicas estrechas,/ y zapatos de colores, /solicitando compradores/ de sus deshonestos pechos".

[Arzobispo Francisco Xavier Lizana y Beaumont]

Tanto el poeta poblano Gregorio de Gante como el arzobispo Lizana y Beawnant, autor verdadero del soneto dedicado al Petimetre, captaron las personalidades de estos tres tipos populares de la época de la Independencia. Del libro *La vida en México en 1810. Op. cit.* (Dibujos de Jorge Enciso.)

forma regular estaban compuestos por *picaditas, chalu-pas*,[34] *molotes* (veracruzanos, oaxaqueños y poblanos), *me-melas, tlacoyos* o simples tacos de arroz con huevos al gusto, socorrido menú que hasta la fecha consume el proletariado.

Arrieros semos, andando vamos
y en el camino nos encontramos

Las primeras mulas, burros y caballos existentes en la Nueva España fueron traídas de las Antillas, pobladas ya desde 1492 por los españoles. Aquí cabe relatar aquello de cuando los indígenas vieron a los conquistadores sobre sus caballos, de inmediato les hizo pensar que ambos eran la misma cosa; hasta la fecha, prevalece en Yucatán dicha costumbre de interpelar a las personas obsecadas con la vieja y conocida sentencia de: ¡Cómo serás caballo!, obvia-mente aludiendo a aquellos jinetes y monturas de la Conquista. En un principio a los naturales les fue vedado el uso y adquisición de cabalgaduras, autorizándoseles de pronto el uso de asnos y mulas para la ejecución de la arriería. Años más tarde, indios y mestizos pudieron obte-ner ya caballos, convirtiéndose así en excelentes jinetes.

El miedo no anda en burro

De hecho, la historia de la nación a partir de 1519 se ha forjado a caballo, lomo de mula y ruedas de carreta, vehículos que Sebastián de Aparicio introdujo a México en

1536, para suavizar el rudo trabajo de los indios. Por esta razón, Fray Sebastián de Aparicio es considerado patrono de los caminos de México, por las primeras rutas de acceso que él mismo abrió entre Puebla, Veracruz, Huejotzingo, Río Frío y la Ciudad de México, prolongándolas más tarde hasta el Real de Zacatecas.

Desde entonces, las mercaderías llegadas de España a Veracruz, por medio de las recuas llegaron con tiempo a la Puebla de los Ángeles, donde rústicos mesones y habilitadas hosterías al estilo de las postas españolas pudieron ofrecerles sus servicios y así los arrieros disfrutar del descanso y los sabrosos alimentos criollos o mestizos que estos lugares ofrecían a diferentes precios.

Hasta la fecha, como permanente monumento a estos sufridos camineros, quedan los viejos edificios[35] de muchos mesones, algunos convertidos en lujosos lugares y los más, sirviendo como vecindades o bodegas comerciales. Hoy, casi todas las ciudades y provincias de México saben incontables sucesos, leyendas, relatos y consejas populares gestadas entre sus muros, tradiciones que con el tiempo se han transmitido hasta nuestros días por tradición oral. En el puerto de Veracruz, la arriería ya desde finales del siglo XVI rebasaba las perspectivas de cualquier otra región, incluyendo la capital de la Nueva España. Puebla era sólo centro de recepción; sin embargo, gracias a su asentamiento geográfico pudo asimilar las culturas gastronómicas del sureste, sur, centro y occidente del país; por lo tanto, mientras en la provincia de Veracruz existían decenas de mesonerías, en Puebla y la capital mexicana no se contaba con más de veinte. Narra Don Luis González

Obregón que en el México de finales de siglo solamente "quedaban algunos de los mesones existentes en 1810 [...] los consignamos aquí [...] las dos posadas se llamaron de Atanasio y Sinforosa [...] los mesones ostentaban rótulos más o menos legibles o historiados", nombres comunes aplicados a casi todos los lugares del país que por lo regular se concretaban a títulos religiosos: de las Ánimas, del Ángel, de San Cayetano, de San Pedro (este santo era el patrono de los arrieros), de San Vicente, de la Herradura, del Chino, del Español, etcétera.

Las posadas de México recibían a cuanto viajero llegara, bien de Sudamérica o a cualquier otro punto de la nación, vía Veracruz, Yucatán y Acapulco. Dichos lugares eran sórdidos, sucios y mal atendidos, muy poco diferentes de los populares mesones.

Lauro E. Rosell, en un artículo de 1940 publicado en *Revista de Revistas*, recuerda la existencia de algunos de estos mesones:

> como sucedía en la calle de Valvanera donde hubo dos o tres famosos mesones que subsistieron hasta las postrimerías del siglo pasado, concurridísimos y con todas las comodidades propias de la época y del objeto a que estuvieron destinados para sus huéspedes [...] y para las recuas. Nosotros recordamos los siguientes: el Mesón del Parque del Conde, en la calle del mismo nombre [...] y el de las Gallinas (que todavía existe en el número 44 de Paraguay).

También en el número 15 de esta misma calle estuvo el tradicional Mesón de Aldana, llamado así en honor a su dueño, un legendario arriero que amasó gran fortuna cubriendo innumerables viajes por todo el territorio mexicano y Sudamérica. Sujeto de gran valentía y perfecto conocimiento sobre los hombres en cuanto al dinero, cargaba en preciosos cinturones o ceñidores de piel de serpiente de cascabel llamados "víboras".

Por cierto, el arriero Aldana sufrió cuantiosas pérdidas en noviembre de 1890, cuando el gobierno de Estados Unidos gravó de manera inmoderada la introducción del piloncillo mexicano a su país, independientemente del alto precio de las recuas provocado por el ya existente ferrocarril.[36]

Arriero de una mula y un jumento:
buen plato y mal testamento

Este refrán popular de gran sabiduría habla por sí solo de las cualidades y experiencia de dichos personajes en el renglón de la comida, la que conocían en todas sus preparaciones y formas, alimentos que los caminos y campamentos les proporcionaban en profusión y de distintas avezadas manos guisanderas. La gula satisfecha en muchas ocasiones entraba en abstinencia o vigilia forzada por lo desolado del camino, pero "en" llegando a los mesones era rota por los olores y la vista de "gordas hechas a mano, guacamole", apetitosas tiras de tasajo de Oaxaca y grandes "cachos" de cecina o chito de Tehuacán.

Los arrieros eran de apetito fiero y sed inacabable pese a las continuas libaciones "camineras" de neutle o simple

agua del arroyo. Y también dominadores de recuas merca-
deras o de "conductas" peligrosas por sus valiosas cargas
de oro y plata, vivencias que José María Rivera en su relato
"El Arriero"[37] nos describe con jocosa minuciosidad: "el
arriero es charlatán y mentiroso como todo viviente que ha
viajado, aunque en sus excursiones sólo haya tenido contacto con mulas, comerciantes y mesoneros", que si bien no
les proporcionaron conocimientos académicos, en cambio
los encausaron en el saber de las buenas cosas de la vida,
como por ejemplo: la comida. En caminos y mesones supieron: "que en Celaya hay quesadillas cuya fama por el orbe
vuela, y sabían también que cuando algún gastrónomo tiene ganas de saborear buenos melones, de aquellos que se
rajan solos, tiene que emprender un viaje al Valle de
Santiago", o la sapiencia arrieril en el arte de "echar tortillas" en que el ayudante era experto, trabajo que le corres-
pondía llevar a cabo: "sentado en frente de una buena lum-
brada donde el (como) atajador[38] cocía las sabrosísimas
gordas", mientras lanzaba palabras de su "lépero e inde-
cente léxico" que la lengua española registra en su vasta
paremiología entre las que existe el dicho: "Tiene lengua de
arriero". Un personaje de este cuento de Rivera, sabroso y
aleccionador de su época, en momentos confronta las cualidades de las quesadillas con la panadería alemana, atre-
viéndose a vociferar afirmativamente que "las quesadillas
estaban deliciosas y que nunca los estúpidos biscocheros
de aquel país podrían igualar las quesadillas de Celaya".

Padre arriero, hijo caballero, nieto pordiosero

Fueron tantas las famas y fortunas que por medio de la arriería se forjaron, que la historia registra a heroicos personajes, ricos hacendados y próceres de la patria que en su origen avanzaron la tortuosa geografía mexicana como trabajo cotidiano. Entre algunos de éstos destacan, en la mixteca oaxaqueña: Valerio Trujano, en la Tierra Caliente; en el occidente, Albino García y el cura insurgente José María Morelos y Pavón, a quien una vez que le preguntaron: "¿Por qué habiendo usted nacido para militar, se hizo cura?", a lo que con cierta dureza y enfado contestó "el Siervo de la Nación": "¡Porque no había otro camino para dejar de ser arriero!" Finalmente, el adagio se hizo certeza en la persona de Juan Nepomuceno Almonte ya caballero, político y general, quien fuera declarado traidor por Juárez, y uno de los mexicanos que ofrecieron la corona de México al flamante emperador Maximiliano. Con seguridad los nietos del general Almonte resultaron pordioseros.

Como era natural, en su tiempo Almonte (hijo de Morelos) fue satirizado por la sutil ironía de "Fidel", seudónimo de Guillermo Prieto, quien le compuso una serie de coplas burlonas:

> El Tata Cura le dió vida
> murió enseñando la libertad,
> que era insorgente muy decedida
> y que fue coco del magestá.
> Corriendo el tiempo creció el "piltoncle",
> se puso fraque, comió bestec,

indio ladino, vende a to patria
y güiri güiri, con el francés.[39]

Como en una cena de negros

Después, siguiendo un orden más o menos cronológico, sorprendentemente nos visitó Joel Roberts Poinsett (1779-1859), originario de Charleston, Virginia, quien fuera el primer embajador norteamericano en México. Fue un político no muy grato en nuestro país, pero a pesar de su arrogancia supo hablar bien de su gente y sobre todo de los alimentos, que a menudo recuerda con cierta fruición gastronómica: "¡Cuántas dificultades, peligros y privaciones han sufrido y vencido! Sin nada que comer, excepto tasajo o carne seca; sin nada que beber, excepto pulque",[40] del que uno se pregunta cómo se hacía llegar hasta este lugar. También resulta extraño que Poinsett se exprese así del puerto de Veracruz, puesto que durante su estancia en aquel lugar la población contaba ya con una culinaria mestiza de gran excelencia, aparte de las maneras criolla y española de la cocina colonial. Además que desde este puerto se importaban y exportaban productos de excelente calidad de ambas naciones que el barón Alejandro de Humboldt relacionó con gran conocimiento. Sigue narrándonos Poinsett con excitación y sabrosura sus experiencias gastronómicas en nuestro asombroso país:

> Este retardo nos dio tiempo para entrar en un tendejón donde tomamos chocolate y para examinar la hacienda de Paso

de Ovejas [...] Nos dirigimos a la casa más considerable del pueblo, en donde nos recibió una mestiza limpia que prometió prepararnos la comida [...]

Para enterarme de la economía de la casa, seguí a la mujer a la cocina y estuve atento a la preparación de nuestra comida. En el brasero, que lo formaba un cañizo de otate sostenido por cuatro palos recubiertos por una capa de arcilla, encendió lumbre de carbón y cocinó los alimentos en ollas de barro, el cual resiste maravillosamente la acción del fuego. Rápidamente recalentó una gallina que habíamos traído y nos la sirvió con una salsa picante de tomate y chile [...][41]

Al llegar al poblado de la Vigas comenta como algunas mujeres se encargaron de *echarles tortillas*. También explica cómo un 22 de octubre, almorzando en una posada donde la gente platicaba alegremente —"no como en un café inglés"—, le ofrecieron:

cordero asado, una gallina con cebolla, tomate y chile, comida excelente a la que se dispuso "una botella de vino catalán" que es, para mi gusto, el más abominable de todos los vinos ya que es dulce, astringente y nauseabundo;[42]

Es de pensarse que debido a su origen francés, Poinsett poseía un paladar educado para el degustamiento de buenas comidas y bebidas; tal es el hecho que comenta a su llegada a un caserío llamado Tepeyahualco, donde lamenta haber dejado la belleza del panorama anterior y donde después de mucho buscar, se aposentó en la casa de un "gachupín", donde la señora de la casa le ofreció platillos a la usanza española, de los cuales expresó con cierta ligereza:

Para quien deguste el ajo y el aceite de sabor fuerte, hemos cenado muy bien [...] La gachupina me trajo un vaso de pulque blanco y espumoso como champaña, pero menos claro. El sabor es agradable y no me sorprende que a la gente del país le guste. Humbold le atribuye el sabor de la carne descompuesta; pero el pulque de Tepeyahualco no sabía así.[43]

Finalmente, pese a sus acres comentarios sobre el aspecto político y social de la nación en ciernes, la experiencia culinaria que Poinsett desglosa sobre México resulta muy apegada a la forma tradicional y popular aún vigente en muchos lugares.

Al final de su estadía en la nación, los negocios políticos de Poinsett resultaron nocivos para las relaciones entre México y Estados Unidos, mas no así el arribismo político que logró; y lo más importante de todo esto fue su encuentro en la iglesia de Santa Prisca de Taxco, Guerrero, con la *cuextlaxóchitl* o flor de noche buena, planta mexicana que el embajador en una inspiración mercantilista mandó a su mansión afrancesada de Charlestonville, South Carolina, para que sus agentes la convirtieran en objeto de lucro y por consiguiente en la flor característica de la Navidad anglosajona y también tradicional de Europa. El resultado de todo esto fueron jugosas ganancias para Poinsett, además de ostentar la maravillosa flor su tristemente célebre nombre: *poisettia pulcherrima*. ¡Cosas veredes Sancho!

A buena hambre, gordas duras

Como decíamos, Poinsett, aparte de su reconocida personalidad política, durante su estancia en México supo
observar detenidamente las costumbres mexicanas crean-
do, a partir de su visita, una línea a seguir por los subsecuentes viajeros extranjeros entre quienes se encuentra la
señora Calderón de la Barca, que permaneció en el país de
1839 a 1842. Curiosamente, Poinsett hablaba de mujeres
que fumaban ese característico cigarro o purito que las
hacía parecer diferentes a otras señoras del mundo. Con-
versa también de las tortillas y su gusto personal por ellas,
aclarando que prefería el pan y la biscochería derivada del
maíz que se horneaba en su país. Comenta también con
gran sorpresa que a pesar de la miseria del pueblo, en sus
chozas se podía encontrar carnero, tortillas, pulque y
otros frutos en abundancia, pero en especial de la presencia infaltable de los santificados frijoles, dispuestos con
salsas preparadas a "base de manteca y chile".[44]

Por último, el relato de Poinsett termina oponiendo
aspectos sociales y políticos del país, pero siempre expresándose de la comida en términos aceptables. Manera en
que la mayoría de caminantes extranjeros de su tiempo
hablaron sobre la exuberante culinaria mexicana. Además,
exótica y por lo tanto difícil de aceptar y digerir, motivo
que los orilló a no aceptarla abiertamente, cuando menos
al principio.

EL ASOMBRO DE *MADAME* CALDERÓN DE LA BARCA

Tal como sucedió con los anteriores cronistas, huéspedes y viajeros del Viejo Mundo, a la marquesa Calderón de la Barca el país también le causó honda impresión por las continuas sorpresas multiplicadas a sus sentidos en cada uno de sus pasos por la nación. Experiencias que de inmediato resaltó en su diario, un poco con el toque, influencias, estilo y observaciones tanto del barón de Humboldt como por las de su inmediato antecesor, Joel Roberts Poinsett.

Frances Erskine Inglis fue el nombre de esta interesante viajera escocesa, natural de Edimburgo, nacida en 1806 y fallecida en 1882 a los 76 años en Madrid en 1836 contrajo matrimonio con el diplomático y miembro de la nobleza española, Ángel Calderón de la Barca, designado en el mismo año de sus nupcias ministro plenipotenciario de España en México, después de haber adquirido la nación su total independencia de la madre patria. El matrimonio llegó a México casi al finalizar el año de 1839, un año antes de la famosa "Guerra de los Pasteles".

A lo largo de varias centurias, México había sido blanco de críticas, análisis, reconocimientos y motivos oscuros, pero más que nada, eje de recientes descubrimientos sobre su gente, sus ruinas arqueológicas, sus costumbres y su mágica disposición a lo "nuevo": enlace y matrimonio de lo indio y lo español, aún no aceptado en aquellos años[45] y que no es otra cosa sino el mestizaje.

Inmersos en toda esta magia de cosas asombrosas, los viajeros, por la naturaleza del ambiente y el colorido, se dieron a clasificar nuestra cultura en proceso como algo "salvaje", bárbaro, rústico; magnificada de belleza feraz y al mismo tiempo dócil, mansa. Afortunada maleabilidad, que en manos y mentalidades ajenas, antipodales y discrepantes creció a la altura de lo asombroso e inalcanzable por encontrarse a flor de tierra: en la epidermis de la nación. Por esa causa, a la marquesa Calderón de la Barca le fue fácil entender (a su manera) la forma de ser de aquel mexicano recién inmerso en la vida republicana que de pronto renacía a la alborada de una vida diferente.

Fanny, como cariñosamente llamaban a la marquesa, entre sus acertadas y a veces libertinas descripciones, muchas veces enfrentó con la popular gastronomía mexicana uno de sus mayores retos, al ofrecérsele viandas y platillos ni siquiera pensados. Así, en su redescubrimiento[46] de México, un buen día de diciembre, tras un recorrido de Veracruz a la ciudad de Puebla, llegó a los mismos lugares que antes había descrito Poinsett: Tepeyahualco y la Ventilla. Caserío este último donde le ofrecen zapotes, chirimoya y pulque, bebida que dice tomar con repugnancia pero que al fin de cuentas le parece agradable. Ya en Puebla, queda arrobada con el traje de China, la excelente traza y limpieza de la ciudad y sobre todo con el clima.

En la ciudad de las lindas guachinangas

La sensible narración de *madame* Calderón de la Barca fue siendo poco a poco indicativo para visitar en forma ostensible los paseos por los canales, en especial el de la

Viga, donde recreó sus apuntes sobre los diferentes tipos ahí reunidos: chinas, chinacos, léperos, aristócratas, ricos comerciantes, plebeyos, currutacos, burócratas y toda laya y calaña concebible en un pueblo de marcadas clases sociales. Pero independientemente de todo, las cosas que más llamaron su atención siempre fueron la música, los atavíos y la comida. En la continuidad de sus cartas epistolares, anota:

> Vimos por primera vez las famosas chinampas, o jardines flotantes, que ahora están fijos y cubiertos con legumbres que se entremezclan con las flores [...] guisantes de olor; de amapolas dobles, agapandos, alhelíes y rosas, no las he visto en ninguna otra parte [...] los indios, con sus guirnaldas de flores y sus guitarras, sus bailes y canciones oliendo las fragantes brisas [...] gente plebeya que alegremente os pide le compréis flores, frutas o dulces [...]

Eran pregonadas mercaderías de coloración y extravagancia sin límite; música de vihuela, arpa, guitarra y bandolón que indiscreta resonaba entre sus alegres notas el jarabe palomo, el pespunteado, el de punta y talón, el de la pasadita o la perica, todo este medio vivenciado alegremente entre tragos de rasposo "chínguere" que aprontaba la borrachera para terminar, de plano, a infamante punta de cuchillo y escudo de cobija, que nos pone en la memoria la baraja del "valiente" de la lotería.

Sobre las letras y coplas del jarabe, Fanny salta a la palestra confirmando con resuelta acusación: "Si hemos de formar un juicio sobre la civilización de un pueblo por sus baladas, ninguna de las canciones mexicanas nos ofrece una elevada idea de la suya"; con toda seguridad, a la marquesa faltó quien la instruyera sobre el doble sentido y el albur verbal del mexicano. Si esto hubiera aprendido a tiempo, con toda certeza habría podido descifrar el retruécano oral del paisanaje. De la música y el baile del pueblo termina diciendo: "Los bailes son monótonos, con pasos cortos y mucho desconcierto, pero la música es más bien agradable". ¡Ni modo!, una cosa eran los bailes de muselina y seda y otra, el arpa jarana de Don Eutimio el Ciego.[47]

Ya en su segundo año de estancia en México, la señora Calderón de la Barca asume con más condescendencia sus anotaciones sobre la gastronomía mexicana, condumios que antes le habían parecido carentes de nobleza culinaria:

> Debo decir; y hablo por mí, que se ha realizado un cambio en mi gusto, que no en mi opinión [sic]. La cocina veracruzana que hace dos años me pareció detestable, la encuentro ahora deliciosa, ¡Qué pescado tan excelente!, ¡Y qué frijoles tan incomparables![48]

Claro, no existe en ninguna mesa frijoles como los mexicanos, ya sean parados, aguados, cocinados con cebolla, charros, maneados, refritos, quebrados, con epazote morado, rancheros, etcétera.

Chinas, jinete "jorocho" y vendedor mulato. Litografía tomada del libro *Historique des Troupes Coloniales. Compagne du Mexique*. Henri Charles-Lavauselle, Éditeur Militaire. 10, Rue Danton, Bouievard Saint-Germain, 118. París, 1908 (Cliché du Tour de Monde, 1er. semestre 1862, Hachette et Cie.). Archivo bibliográfico de Jesús Flores y Escalante.

Mambrú se fue a la guerra por causa de unos pasteles

En 1838, un año antes de la llegada del matrimonio Calderón de la Barca a México, se dio un criminal acontecimiento bélico de Francia contra nuestra nación, llamado por el pueblo con sorna y gran ironía "La Guerra de los Pasteles". Jocoso hecho de armas provocado por las reclamaciones de un panadero francés instalado en la población de Tacubaya, a quien un grupo de oficiales mexicanos en plena borrachera le consumieron toda la repostería de su establecimiento sin retribuirle un solo centavo. Y, si para la soldadesca fue broma, para *monsieur* Remontel fue descarado robo.

Con la deuda reclamada por el célebre biscochero francés y otros mañosos adeudos adicionados, la suma total ascendió a 600 mil pesos de la época. De este modo, Veracruz recibió la invasión advenediza que dilató hasta el siguiente año: "A quién le dan pan que llore".

Aunque la marquesa Calderón llegó a reconocer "ligerezas" en los textos y descripciones de sus cartas sobre México, predominó más su carácter anglosajón. Como es sabido, muy pocos miembros de esta raza se distinguen por su refinado paladar y alimentación excedida de especies. Si les contara cuando he tenido que compartir mi mesa con alguno de ellos. ¡Oh, mi Dios!

Sin intención de desvirtuar su gusto por la gastronomía, pienso que a la inefable "Fanny", más que búsqueda de experiencias culinarias, le ganó más su espíritu de descubrimiento y contraposición sobre algunas cosas mexicanas. Tal es el punto de vista que dio sobre la deliciosa barbacoa:

> Los indios habían preparado carne que asaban bajo unas piedras (en un hoyo donde han prendido fuego y que cubren después con tierra y ramas),[49] lo que encontré horrible por su olor y gusto ahumado. El vulgo lo tiene por cosa exquisita, opinión que no comparto.

Es claro que no necesariamente los extranjeros, durante su primera estancia en cualquier país, están obligados a la aceptación de las comidas vernáculas. Sin embargo, en el caso de guisos o platillos de comprobada exquisitez, como la barbacoa y el mole poblano, resulta difícil externar cualquier opinión contraria, por lo menos para quien se precia de *gourmet*, aun considerando lo picoso, lo excesivamente condimentado o, en el último de los casos, exótico. Con todas estas atenuantes, la sensibilidad de *madame* Calderón, respecto del delicioso y barroco mole de guajolote expresó sin cortapisas: "Para soportarlo, especialmente en las cantidades que aquí se come, sería necesario tener la garganta blindada con hojalata".

A pesar de sus conceptos veleidosos contra algunas comidas regionales, a lo largo de sus cartas sigue mencionando la excelente calidad de los frutos mexicanos, poniendo especial énfasis en las tortillas, de las que comenta en muchas ocasiones "le supieron a gloria". Y por las necesidades de sus repetidos viajes, habla de los feos y sucios mesones donde fue hospedada. También se refiere al pulque y del momento en que lo probó por primera vez, afirmando que le pareció abominable; sin embargo, más tarde con toda resolución comentó: "He aquí al indio, envuelto en su sarape, extrayendo el pulque del maguey (del cual, dicho sea de paso, encuentro ahora excelente, y pienso que me sería difícil vivir sin él)". Opinión comprobada durante su viaje por Michoacán, donde al ofrecerle una familia de hacendados algunas aves, frutas, platos típicos de la región y sabrosas rebanadas de queso,[50] volvió a saborear una vez más el blanco licor del maguey, del que con alegría explica: "En el almuerzo tuvimos gran variedad de frutas, y pulque, que es particularmente bueno en estas partes".

Para terminar con la descripción viajera de la marquesa Calderón de la Barca, debemos aceptar que en cuanto a sus observaciones sobre el baile y la música, fue un tanto benevolente, no sin antes acotar algunas frías críticas sobre lo tristón y aburrido de muchas canciones y jarabes, piezas a las que a menudo otorgaba origen español, sin buscar en ellas la lógica fusión del mestizaje. En cambio, de los bailes europeos por ella conocidos, por ejemplo las contradanzas, bailadas por indios y mestizos, rápidamente emitía dictamen: "Son muy corteses, sosegados y de buen proceder, y lo que es más notable, bailan una cuadrilla tan bien como sus amos".

EL MOMENTO DE LOS GRINGOS

Durante 1847, cuando la invasión norteamericana a México, la mayoría de la población del norte de nuestro país ya conocía perfectamente polkas, redovas, varsovianas y las "delicadas" contradanzas de factura alemana, francesa e inglesa. Formas musicales que de algún modo habían ya influido a los habitantes hispanos de Texas, Durango, Monterrey, Chihuahua, Coahuila, Tamaulipas y Zacatecas, creándose en estos lugares una manera de expresión musical diferente a las existentes en el occidente, el centro, el sur y el sureste, géneros y ritmos donde sobresalían sones, jarabes, zapateados de estilo andaluz, y por supuesto el huapango, que como única y auténtica música derivada de la fusión hispano-indígena, recorría todos los caminos de la nación, para al mismo tiempo viajar hacia Filipinas y Sudamérica, utilizando como vehículo a la Nao de China, Nao de Filipinas o Galeón de Manila. Naturalmente, antes de que los viajes fueran cancelados en 1810, por motivo de la Independencia.

En el aspecto culinario, las diferentes formas regionales habían alcanzado ya su punto exacto. Yucatán, Campeche, Veracruz, Puebla, Oaxaca, la ciudad de México (bajo las influencias del Valle), Guadalajara, Querétaro, Zacatecas, San Luis Potosí, etcétera, rebosaban sus respectivas cocinas y fogones con recetas sabrosísimas y altamente sublimadas, producto del decantamiento cultural de México y España, así como también de las externas influencias de Italia, Francia y algunas naciones orientales, que la comunicación marítima del Galeón de China permitía realizar por ambos lados.

Sin embargo, no todo fue miel sobre hojuelas; de pronto, la oleada belicosa de los gringos (los "hunos del norte"), conmovió a toda la población en un desigual y forzado encuentro, contacto en el que los norteamericanos gananciosos, no sólo de los territorios adjudicados a la fuerza, conocieron —queriéndolo o no— otra forma de yantar y de beber.

¡Por qué con tamal me pagas, teniendo biscochería!

Muy amargo fue el sitio de Veracruz. Tras ser bombardeado, se redujo el puerto a la consabida hambruna por la falta de alimentos, carestía que bajó sensiblemente el ánimo y el patriotismo de sus escasos 900 defensores: hombres, mujeres, niños y hasta "forzados" presos de San Juan de Ulúa, a quienes los jarochos conocían mejor con el mote de "rayados"; esas condiciones deplorables violentaban la inminente rendición por falta de municiones y la escasez de alimentos, única carencia, porque valor y heroísmo sobraban.

Los pocos alimentos existentes, antes destinados por los comerciantes a la especulación, en cierto momento fueron sacados de sus bodegas para darlo a los combatientes. Además, para estar a tono, muchos adinerados gachupines, dueños de almacenes y pulperías, intempestivamente comenzaron a regalar sus toneles de vino tinto de ultramar entre la chusma de improvisados combatientes, voceando a diestra y siniestra que era mejor que lo disfrutara el pueblo y no fuera causa después de gusto y borrachera para los gringos enemigos de México y España.[51]

En otra parte de la ciudad, por el rumbo de la Merced, donde se encontraba el mercado que era uno de los baluartes de defensa del puerto, las negras "mondongueras" preparaban en sendos peroles las carnes y vísceras de los caballos y mulas alcanzados por el fuego de los buques invasores, para repartirla entre la gente del pueblo. Hubo asado y mondongo para todos.

Por fin, se dio la ocupación, y las verduras, la carne del rastro, las gallinas, el maíz y otros productos fueron traídos de nuevo a la Merced. Sólo entonces se volvió a comer caliente; aunque a los gringos al principio, comidas, bebidas y diversión les salía en un ojo de la cara, esos alimentos que por su preparación encantaron los incipientes paladares anglosajones: "sabrosas gordas de salsa verde y roja, enchiladas de pipián, tortas de camarón en chile ancho, huachinango a la veracruzana, empanaditas de jaiba y de pescado, chapandongos, tamales de pescado, adobo y pipián, moros y cristianos (arroz con frijoles)" y la exquisita dulcería rebosante de leches, mieles, azúcares, vainilla, almendras y otros condumios de dentro y fuera del país, como "el ponteduro, los buñuelos, el marquesote, las tortas de gloria, la mermelada con piña y coco, y los dulces coloridos y sutiles de almendra de Tlacotalpan", que compiten en delicadeza con los "besos de duque", dulcería de gratas sorpresas, engullida después del saboreo irremediable del "mole de Xico" o las "gallinas en leche o chipotles" de Coatepec y las laderas de Jalapa, respectivamente. Cocina popular de arriba, de abajo, de la sierra o del puerto; diarios placeres de la cocina veracruzana que descubrieron durante su deplorable expedición los burdos "marines" o quizá desde que pisaron las losas antiquísimas del jarocho lugar, principio y fin de nuestro mestizaje.

El que nace pa' tamal, del cielo le caen las hojas

A su llegada a Puebla, el general Scott publicó un bando en el que pidió a los angelopolitanos dejar hábitos coloniales y pugnar por una mentalidad verdaderamente americana de hombres libres y republicanos, arenga de medias tintas que no checaba con los intereses de la infame invasión. Durante su estancia, los norteamericanos tuvieron oportunidad de conocer la pitanza poblana; y no sólo la gastronomía, también la forma de vida cotidiana.

Los lugares más visitados de la ciudad por los gringos fueron el zócalo, el Parián, el Parral, el Alto, el Paseo de San Francisco, la Luz, Analco y la plazuela de los Sapos, sitios todos ellos donde la vida comercial, los mesones, los bancos de herrar,[52] los mercados, los figones, las piqueras, pulquerías y zonas de tolerancia abundaban:

> En los tugurios de la plazuela de los Sapos comenzaban a encenderse las lámparas de aceite y las lumbradas de las chimoleras [...][53] algunas chinas —margaritas entre cerdos— convidaban a los hombres a compartir su dinero, a cambio de un rato de amor fugitivo.
>
> —Ven güerito; anda chulo, ¿no entras? —llamaban y llamaban, a par que a los fieles las campanas de los templos. Pero a la misa infernal apenas entraba uno que otro soldado americano borracho.

Naturalmente, la presencia de los soldados yanquis en Puebla no fue bien vista, ya que de continuo los trovadores de Analco y los Sapos[54] les entonaban satirizantes coplillas aprendidas a los "guerrilleros" de la sierra, que de vez en cuando bajaban del monte para echarse un "tejocote", un "amargo" o un buen aguardiente entre pecho y espalda, aprovechando de paso su peligrosa estancia para visitar a sus "chinas" y recetarse algunos platos de pambacitos con longaniza, lechuga, jocoque, cebolla, aguacate y su hirviente baño de adobo a la poblana. Las sarcásticas coplas[55] versaban más o menos así:

> Tamaño, tamañón, tamañito,
> es bueno aclarar a los güeritos
> que ya ganaron la rifa del torito,
> tamaño, tamañito, todos, toditos.

> [Canción popular cantada por mi bisabuela Camila
> Rodríguez Yarce, alrededor de 1954]

La anterior cuarteta, más que corrido o canción descriptiva, se asemeja a las coplas del jarabe de la época; según comentaba doña Camila, este verso lo escuchó, cuando niña, por primera vez en Atlixco, alrededor de 1868. Viene esto a colación, ya que la palabra "tamañito" fue muy popular en Puebla durante la invasión norteamericana, aplicándose a los contraguerrilleros mexicanos auspiciados por el ejército norteamericano, de quienes Zamora Plowes en su libro *Quince uñas y Casanova. Aventureros*, narra su estado político, emocional y financiero, en razón de los excelentes pagos que éstos recibían de los oficiales estadounidenses.

Arriba: chinas luciendo sus vistosos trajes. (*Cliché du Tours du Monde*, 1er. semestre 1862, Hachette et Cie.). Grabado anónimo.

Abajo: "Marchantes en plena venta en México". *Op. cit.* Grabado de Fournier.

Arriba: vista general de la ciudad de Puebla, *Cliché du Tour du Monde*, 1er. semestre 1862, Hachette et Cie. Grabado de H. Catenacci. *Op. cit.*
Abajo: el parasol de los marchantes. *Cliché du Tour du Monde*, 1er. semestre 1862, Hachettte et Cie. Grabado de Rion. *Op. cit.*

Los integrantes de la contraguerrilla se distinguían de entre los rancheros y chinacos por un burdo chaquetón de cuero crudo, por el que eran fácilmente reconocidos a donde quiera que llegaran. El pueblo, en especial las chinas y vendedoras de comida, los despreciaba. Al respecto, Plowes comenta: "Se presentaban los contraguerrilleros en los mercados de Puebla, pedían de beber[56] y después que dejaban los jarros, las mujeres los rompían contra el suelo, por estar contaminados de traición".[57]

Para lenguas, cazuelas y campanas: las poblanas

Esta vez fueron los "patones". Más tarde serían los "franchutes" o gabachos de la Francia. Por lo pronto, en Puebla se aposentaron muchos norteamericanos que enamorados de la ciudad, sus mujeres y su comida no se embarcaron[58] de nuevo en sus aparatosos buques de guerra. Para entonces, los mercados, fondas, almuercerías, piqueras y pulquerías expendedoras de los famosos neutles de Tlaxcala, se abarrotaban de gringos "enchipiturcados" con las abrigadoras pelerinas del ejército intruso, de las que yo logré ver puestas todavía sobre los hombros de algunas personas. Esto mismo que sucedía en la Angelópolis, se daba también en otros lugares de la República y más profusamente en la ciudad de México, donde de vez en cuando la población indignada los apedreaba a su paso, negándoles con un rotundo ¡No! la venta de los sagrados alimentos. Con todo, los "americanos" pudieron disfrutar de buena comida, placeres y música en el país. En el occidente, se habían acostumbrado ya a "las corundas, los guisados de puerco, el rabo de mestiza, las tortitas de charales, el pozole de elote, los huechepos de leche, el tamal de cazuela de elote y las enchiladas de picadillo". En cuanto a la música, antes que los franceses, conocieron a los grupos del mariachi con quienes juntos bailaron y entonaron canciones de todos los sentimientos. Al final, nada dejaron de su culinaria a no ser la costumbre del pavo horneado con vino blanco y pimienta, que desde esos años se incrustó en la preparación de las deliciosas y mal ubicadas históricamente tortas compuestas, de las que dichos van, dichos vienen y a la verdad de su origen no se atienen. *Ad usum.*

En la ciudad de México, la Plaza del Volador, renovado parián repleto con mercaderías de toda índole, era escenario lo mismo de los soldados yanquis que de los salteadores de Río Frío, quienes sin saberlo se atropellaron en más de una ocasión, degustando ya un buen plato de tamales o restablecedores jarritos de atole de fresa, cacahuate o almendra. Vaporizantes glotonerías muy cerca de todos los bolsillos, bien de salteadores o de la extranjera soldadesca. Las sopas y los guisados excelentes, servidos en vajillas de Francia, estaban vedados para estos individuos. En cambio, la minuta fondera les deparaba una buena jarra de pulque blanco o curado y, si acaso, un vaso de catalán de Fon, de no muy buenos bigotes, acompañantes a la fuerza de un plato de albóndigas con chile serrano, arroz con puerco y verduras, una caliente sopa de calabacitas, elote, papa, jitomate y col (no sé por qué *madame* Calderón de la Barca afirmó que nunca pudo encontrar en México una buena sopa), un aguadito mole de espinazo, y para terminar, rosquillas de canela, colorados, magdalenas, cocoles de queso, pasas y anís, y un "pocillo" de café negro con el agradable sabor de la canela.

Fueron casos diferentes al de George Wilkins Kendall, quien desde 1846 fungía en nuestro país como corresponsal de guerra de Estados Unidos, a través de los periódicos *Picayuney Sun*. Wilkins fue quizás uno de los pocos norteamericanos que supieron degustar las delicias de la gastronomía mexicana, sólo que en lugares de alta distinción, en virtud de su elevada fortuna, aunque durante su prisión hubiera sido sometido al convencional menú carcelario: pan y agua.

Dicho personaje, ya en la etapa crucial de la guerra México-Estados Unidos, acostumbraba hospedarse en los lugares más "chic" de la ciudad, después de haber sido confinado preso en diferentes lugares, entre ellos en las bartolinas de Santiago Tlatelolco y después en el leprosario de San Lázaro, donde la señora Calderón de la Barca lo visitó a finales de 1842. Una vez libre, pudo extasiarse a gusto con espumeantes tazas de chocolate, biscochos, dulces, galletitas de almendra, y como devoción, manducar casi con erotismo las soletas de las monjas del colegio de niñas. Aparte de su trabajo periodístico, Wilkins Kendall realizó en México una importante labor de espionaje por medio de sus corresponsalías; cuando le sobraba tiempo, salía a las calles sin acercarse mucho a la Plaza del Volador, para admirar el colorido, vida cotidiana de la gente común, y por supuesto los diferentes productos mexicanos que "Fruteros, hombres y mujeres, con inmensas cestas de deliciosas naranjas, melones, limas, plátanos y zapotes, sostenidas en la cabeza, caminaban gallardamente y a toda prisa en dirección de los mercados".[59] Wilkins tal vez reprimió el recóndito antojo de alguna ocasión poder almorzar en las mesas de los "agachados" del abasto del Volador; o quizá nunca se hizo del ánimo suficiente pese a que las calles del Refugio, donde se encontraba instalada la hostería de lujo La Gran Sociedad, estaba muy cerca del dicho mercado.

EL EXTENUANTE BRILLO
DEL SEGUNDO IMPERIO MEXICANO

Mientras la tenebrosa leyenda de las fechorías perpetradas por "los Bandidos de Río Frío" se encajonaban en los pensamientos de la condesa Paula Kolonitz, dama de compañía de Carlota Amalia, consorte del rubísimo Maximiliano, los gañanes y rancheros convertidos en salteadores se regodeaban de alimentos suficientes en las cuevas del Telapón, montaña cercana al Papáyotl, ambas elevaciones punto de partida hacia las nieves eternas del Ixtaccíhuatl, hasta donde llegaban a refugiarse los asaltantes de diligencias cuando eran seriamente perseguidos.

El mayor miedo a viajar de Veracruz a México era a los salteadores de la zona, por lo que durante esta época, si algún comerciante o persona deshonesta intentaba pasarse de la raya, se le decía: "¡A robar a Río Frío!" Más vale precaución que miedo; por ese motivo especial, recomendado desde Miramar, la austriaca guardaba temor y recelo a los famosos bandidos.

Muchas veces desde la Plaza del Volador,[60] los bandidos enviaban mensajes y el producto monetario de los que les pagaban por la venta de lo robado, ya que en este mercado se vendía y compraba "chueco" a granel. Peligrosamente, los emisarios realizaban viajes de un día completo utilizando los canales de Tláhuac, La Viga y Santa Anita para finalmente llegar a Chalco, de donde partían a lomo de caballo rumbo a la Sierra de Río Frío.

Durante este viaje, los bandidos aprovechaban los festejos continuos de los canales, para saborear un buen plato de enchiladas, un mole de pato o el pulque curado rojo granate que los pobladores llamaban "sangre de conejo":
—¡Patrón, un vasito de "semilla" de Texcoco! ¡Pruébelo usté, está de rechupete! ¡Bien curado con tuna colorada! Sólo sordo y ciego, el paseante o viajero reculaba de la oferta.

De las peripecias entre el lago y los volcanes[61] del Valle de México, Manuel Payno habla en forma tan obvia que cada uno de sus personajes se integran a la perfección dentro del ambiente de la ciudad o la montaña. Las comidas descritas por sus personajes muchas veces parecen salir de un completo recetario popular. Comelitonas citadinas o rancheras casi siempre basadas en el maíz, el chile, la tortilla y el pulque; sorpresivamente también surgen alimentos y platillos de meticulosa elaboración: atoles, tamales de chile, dulce, tomate y manteca; gordas con frijoles y salsa; leche, pan, chocolate, carne y distintos productos de la tierra, que con mucha vivacidad el interlocutor aclara, eran sólo para cuando repicaban fuerte:

Doña Pascuala se permitía el lujo de un buen chocolate en leche[62] con gorditas calientes con manteca. Solían sacar para el chocolate, cuando había visitas, dos mancerinas de plata maciza, que habían comprado en el Montepío.

En esta novela de Payno, recetas van, recetas vienen. Modestos platillos del ranchero, mesas aburguesadas del juez, el político o el rico hacendado. Junto con todas esas experiencias culinarias, los empeños y trabajos de músicos "rascatripas" se entretejen milagrosamente por los sucesos de Lamparilla y otros personajes ocasionales que cerca de Tepito

> van a pescar juiles y a recoger ahuautle [...] recogen tequesquite y mosquitos de las orillas del lago y lo cambian en la ciudad, en las casas, por mendrugos de pan y por venas de chile.

Aceite y romero frito, bálsamo bendito

Durante la celebración del 12 de diciembre, día de la Virgen de Guadalupe, Payno relata el lujo de ministros y funcionarios del ayuntamiento, desmenuzando de paso las ricas viandas de aquella excelente mesa:

> Una sopa de pan espesa, adornada con rebanadas de huevo cocido, garbanzos y verde perejil, tornachiles rellenos de queso, lengua con aceitunas y alcaparras, asado de cabrito con menuda ensalada de lechuga, para coronar la obra un plato de mole de guajolote por un lado y de mole verde por otro, y en el centro una fuente de frijoles gordos con sus rábanos, cabezas de cebolla rayadas, pedazos de chicharrón y

aceitunas sevillanas. Pocas botellas de vino Carlón y de jerez, pero unas jarras de cristal llenas de pulque de piña con canela y de "sangre de conejo con guayaba".

Esta descripción finaliza asegurando que los postres resultaron deliciosamente "religiosos", puesto que fueron obsequiados por los diversos conventos de monjas que había por la zona; elaborados con minuciosa calma franciscana, como todo lo que hacen y cocinan estas dichosas monjitas.

Evaristo, uno de los personajes centrales de la novela de Payno, rememora sus vivencias entre los "Canales de la Viga y Santa Anita remando, ya en canoas, ya en chalupas [...] los domingos en su caballo alquilado, en las carreras de la Coyuya: en las tardes en las vinaterías, menudeando vasos de mistela y chiringuito", en fin, regalada vida inclinada a los placeres y a la vida fácil en que se recuerda entre las apartadas calles de la ciudad de México al llegar a la famosa pulquería Los Pelos, donde evoca las paredes, el techo, el piso de tierra apisonada, el altar decorado con "oro volador" y papel picado expuesto en honor a San José; medita también sobre la "triste alegría de su raza, gusto contenido quizá no a partir de la Conquista sino desde mucho antes".[63] Contrastante desnudez emocional que sólo el chínguere y el pulquito lograban abrigar por ratos, acordándose tal vez del dicho popular: "¡Sólo borracho y dormido se me olvida lo jodido!"

La pulquería Los Pelos era un mundo aparte:

Todo el ancho de la pared ocupado con grandes tinas de pulque espumoso, pintadas de amarillo, de colorado y de verde, con grandes letreros que sabían de memoria las criadas y mozos del barrio, aunque no supieran leer "La Valiente", "La Chillona", "La Bailadora", "La Petenera". Cada cuba tenía su nombre propio y retumbante [...] El domingo era día clásico. El lunes lo era más, se podía decir de gala.

Este ambiente que describe Payno era el mismo en todas partes. Parias, valedores, léperos, soldados, curas, amarimachadas chinas y las esenciales almuerceras o fritangueras que arreglaban lumbre, braseros y comales, para en menos de lo que canta un gallo, la "frita" estuviera caliente al mismo tiempo que las redondas y blancas gordas de maíz tehuacanero. Una vez armado el tenderete todos comenzaban

con un placer que les salía de los poros del cuerpo, a mascar los tacos de chorizones y carnitas, otros a sopear el mole verde con las quesadillas de rayuela. Cerca de las tinas, ocho o diez mujeres de zapato de razo, pierna pelada y enagua ancha y almidonada, cantaban y zapateaban un jarabe, alternando con versos picarescos, y los bandolones y el guitarrón, al acabar el estribillo, se hacían casi pedazos; risas, aplausos, cocheradas, palmoteos, gritos, cuanta forma de ruido se puede hacer con la voz y con las manos, tantas así salían del grupo difícil de penetrar, que rodeaba a las bailadoras.

Repetidamente el tornero separó con manos y codos a los que le estorbaban el paso, y cayó como del tejado en medio del círculo, y encarándose con una bailarina, muchachona de no malos bigotes, se puso las manos tras de la cintura y comenzó a pespuntear[64] un jarabe que le valió los aplausos de la rueda.

Como en todas las fiestas, "los músicos moleros" empala-gados de tocar sin más ni más arrinconaban los instru-mentos por cualquier lado. Por eso dice el dicho que "músico pagado toca mal son", ya que una vez recibida la remuneración, "en puro templar y mear se les va el tiem-po". Sin embargo, pese a estos detalles los músicos de cantinas y pulquerías son alma y motivo para el consumo de licores y comida. Comenta Payno que regularmente músicos ciegos eran quienes llevaban el ritmo en las fies-tas, cosa que todavía sucede en muchas cantinas de Puebla, Querétaro y la ciudad de México, en lugares como la Antigua Tequilería de Manrique, en la calle de Isabel la Católica, donde estos filarmónicos son a menudo reque-ridos por la clientela con "Poeta y campesino", pieza que de tanto escucharla entre libaciones y botanas uno sale de ahí pensando que es un beodo con cultura.

Payno pudo describir con pelos y señales estas esce-nas populares por la certeza de haberlas experimentado en carne propia; de otra manera no hubiera sido capaz de narrarlas con tanto color:

> Cuando los dos que formaban la pareja de jarabe, cansados y goteándoles por la figura el sudor, apenas podían mover los pies, la música cesó y los ciegos voltearon sus instrumentos, los colocaron junto a sus sillas y pidieron a Garrapata una jícara de pulque. Los ciegos en los fandangos populares de México son los bastoneros, y cuando se fastidian de tanto rascar los bandolones, cesan y no hay modo de volverlos al orden hasta que no hayan bebido o comido algo.[65]

Mientras estas escenas se desarrollaban en el valle de México, en Veracruz desembarcaba la condesa Paula Kolonitz, dama de compañía de Carlota Amalia consorte del emperador Maximilano de Habsburgo. Con su llegada al puerto jarocho, terminaba la misión asignada, por lo que dispuso de todo su tiempo libre para realizar algunos apuntes sobre nuestro país.

Durante el viaje conoce al general Almonte, de quien a primera vista obtiene grata imagen: "Almonte nos hizo la más favorable impresión. Es el hijo de aquel párroco de Morelos [...] y de una india que lo tuvo en la montaña, 'al monte'".[66] De los habitantes de Puebla, alaba sus recepciones, fiestas y palaciegos banquetes, pero atemorizada siempre en su salida de la Angelópolis para enfrentarse con la leyenda de los Bandidos de Río Frío. Toda fecha se cumple y al fin llegó el momento: "continuando el camino no tardamos en llegar a la posada de Río Frío, que las guerrillas asaltan y roban por lo menos una vez al mes".[67]

El encuentro de la Kolonitz con la realidad indígena y mestiza de la nación le impuso una actitud sociológica al describir la pobreza y la riqueza, sobre todo al comentar la costumbre que ambas clases tenían por la tortilla: "Tanto el pobre como el rico tienen una gran predilección por las tortillas y los frijoles. Las primeras se hacen con harina de maíz y tienen la forma de una rebanada sutil, tan grande como un plato, blanda y sin sabor".[68]

A pesar de sus notas, un tanto parciales, justifica en la gente del pueblo el uso de la tortilla comentando que le sorprende verla sustituyendo al pan: "A veces la doblan a manera de cuchara para comer los frijoles".

Respecto de las costumbres musicales, comenta muy poco, y cuando lo hace se refiere sólo a géneros y estilos europeos; un caso específico fue cuando el mariscal Bazaine visitó el Teatro Principal olvidando invitar a las familias mexicanas más importantes, lo que suscitó clara indignación. Al respecto narra: "Más tarde se oyó decir que los que ahí quedaron no eran sino franceses, y que cerraron el baile con un can-cán".[69] En cuanto al ambiente del jarabe, comenta que los indios ante el sonido de sus "instrumentos nacionales" ejecutaban este baile popular, no aclarando a cuáles instrumentos se refería, ¿serían teponaxtli y ocarinas?, puesto que todos sabemos, el jarabe desde su aparición se manifestó con instrumentos europeos de cuerda y viento. Quizá no se refería a este baile, sino a otras danzas mestizas de origen prehispánico.

Kolonitz y *madame* Calderón de la Barca, tuvieron un denominador común: las observaciones de Humboldt, en las que basaron sus puntos de vista. Comidas, fiestas, tipos, atavíos y el aspecto social y político de México convergen en torno a la obra del científico berlinés. Aunque es justo reconocerlo, hubieron algunos otros puntos narrados por la condesa Kolonitz que nacieron de su espontánea sensibilidad. Uno de estos aspectos es en el que comenta su feliz experiencia con los tamales, de lo que dice extasiada: "Pero de lo que los mexicanos son especialmente golosos es de un guisado de guajolote preparado con chile y jitomate, el cual mezclado con harina de maíz, envuelto en sus hojas y cocido al vapor, compone el plato más delicado del país, los tamales".[70] Con toda seguridad se refería a la ocasión en que los probaron en Puebla servidos por la famosa doña

Dolores Acevedo. Riquísimos tamales de La Capilla que gobernadores, pueblo y aristocracia de la Angelópolis tuvieron en su tiempo oportunidad de saborear.

Ya instalados en México Maximiliano y Carlota, la vida cortesana recién habilitada con constantes banquetes y recepciones les levantaron el ánimo. Para esto, algunas familias criollas de cierto acomodo se vieron obligadas a dejar las costumbres españolas en el olvido para expresarlo todo en francés, influencia que desde aquellos momentos convirtió al país en un lugar donde se respiraba sólo afrancesamiento.

Música, culinaria y formas de vida de pronto comenzaron a fusionar sus costumbres. Entre tanto, todo se llenó de productos, alimentos y bebidas con marbetes *française*; menús de cafés y restaurantes todo lo indicaban en este idioma:

Fricandeu a la menestra.
Glacé Francillón.
Petit pois á l'Anglaise.
Bouchées chasseur
Noix de veau Perigueux.

Si a tu ventana llega una paloma...

Cuando Maximiliano y su séquito llegaron a Puebla, las monjas de la ciudad no pudieron atender sus deseos gastronómicos puesto que los conventos permanecieron cerrados y las profesas fueron enviadas a distintos lugares. En cambio, los criollos supieron capitalizar esta ausencia regalando banquetes extraordinarios a los nuevos gobernantes, por lo que tuvieron que echar mano hasta de la comida popular que el pueblo mantenía en lugares cotidianos: comidas sencillas como moles, asados, pipianes, manchamanteles, enharinados, chiles rellenos, chiles en nogada, alcaparrados y todas las variedades de pan dulce o "menudencias", entre las que abundaban mamones, encandiladillas, recortados o catarinos de huevo, picones, tostadas para gorrión, chilindrinas y diferentes tipos de cocoles y conchas de vainilla, fresa y chocolate. Precisamente en esta visita los panaderos poblanos crearon para halagar al emperador, una sabrosa pieza de pan llamada "Imperial" finamente apastelada con azúcar colorada encima.

Así como para los tamales de La Capilla tuvieron que buscar a doña Lolita Acevedo, para el pan fueron a la panadería de don José Stayessi, en la calle del Venado. Para los atoles de edificante sabor acudieron al famoso Café del Navío, con don César B. Cosalvi, en la calle del Estanco de Hombres. No podían haber escogido mejor.

Esto sucedió en Puebla; sin embargo, en la capital los encargados de la despensa imperial prácticamente les evitaron las comidas fuera del palacio y, tiempo después, que entonaran las coplillas de "La paloma",[71] habanera que ya la servidumbre escuchaba a la emperatriz cantar de vez en cuando. Tudos (el secretario) y los demás encargados del protocolo preferían que consumieran lo recomendado por ellos: "Todo este boato de comidas y cenas, servicio en cristal de Bohemia y vajilla de porcelana con el monograma real, era servido por un ejército de criados y mozos de librea a las órdenes del mayordomo Venisch".[72]

Como la comida, la letra de "La paloma", escrita por el músico español Sebastián Iradier en Cuba y luego llevada a México, le traía a Carlota constantes recuerdos de su inestable estancia en el país; luego esta pieza adquirió popularidad, dando pauta a la creación de la "danza mexicana" hacia finales del siglo XIX.

> Cuando salí de La Habana.
> ¡Válgame Dios!,
> Nadie me ha visto salir
> si es que no fui yo.
> Una linda guachinanga [...]⁷³

> [Popular]

Como era de esperarse, durante su estancia en México los emperadores intentaron ganarse el aprecio del pueblo asistiendo a sus fiestas y comiendo cosas del país. Tanto fue su afán que Carlota adoptó "La paloma" y Maximiliano buscó congraciarse mañosamente con la devoción a la Virgen de Guadalupe, usando a menudo el traje de charro y sus amoríos con la India Bonita. Pero ni así fueron queridos por la nación mexicana. Sólo el satírico periódico *La Orquesta*, escaparate de las excelentes caricaturas de Constantino Escalante, en alguna ocasión comentó su visita a los ingenios azucareros de Cocoyoc, Temixco y Atlacomulco "donde les fue ofrecido un comelitón al que asistieron los miembros de su comitiva [...] en esa época era mayordomo de Atlacomulco, el señor Aguirre y apoderado, el hijo de Lucas Alamán".⁷⁴

COSTUMBRES POPULARES.

Un Lunch.

COSAS DE LOS CRIADOS.

ENGREIDO CON LA MANTECA.

El "lunch". En lugar de decir "pipirín", "papa", o almuerzo, durante 1887, fecha de la publicación de estos grabados, por motivo de la instauración de las cantinas y los salones al estilo anglosajón, ya el pueblo decía reiteradamente: lunch, lonche, lonchear y lonchada, de donde se tomó el nombre de lonchería. *Op. cit.*

Abajo: los criados en pleno coloquio amoroso, ante el hornillo, cazuelas, tenazas y el "aventador" o soplador de palma. *Op. cit.*

190

SERVICIO POSTAL FRAUDALENTO.

¿ Que no lo sepa mi mamá, Patricio ?
¡ Usté *dialtiro* me hacé—sé el oficio !

COSTUMBRES POPULARES.

¡ No le afloje valedor.   Andele maistro aguador,
No suelte á la chaparrita: No se agorzomen, siñor,
          Qu'estamos en Santanita !

Arriba: gráfica del aguador que sobrevivió hasta principios del siglo XIX: un poco lleva y trae, cupido y alcahuete.

Abajo: el pueblo de "Santanita" donde resalta el arpa jarana de 29 cuerdas, el bandolón, los pespunteados del jarabe y las infaltables libaciones de pulque. Grabados del "Calendario de la Droguería del Refugio". México, 1887. Archivo Bibliográfico Jesús Flores y Escalante. Grabados anónimos.

COSAS DE LOS VALES.

¡ Otro jaloncito compadrito !

UN VETERANO.

¡ Alto...¡ Cuanto vale el par ?
En tres riales lo he de dar.

Arriba: Los valedores en la pulquería. *Op. cit.*

Abajo: El ex soldado de la República, cojo y deteriorado, comprando un par de patos. *Op. cit.*

Al final de la aventura Saxon-Habsburgo, todo el menaje real fue subastado y adquirido a ridículos precios por diferentes hosteleros de la Ciudad de México, por lo que después era común ver que se sirvieran albóndigas en chile pasilla o coloradito de Oaxaca en la delicada porcelana y escanciar chorros de dulzona "mistela" [75] en las elegantes copas, que junto con la mantelería y otros utensilios ostentaban el logotipo de la casa real. Después, paradójicamente, muchas de las botellas de vinos y licores de la reserva imperial, quien tuviera para pagarlas, las degustaba entre socarronerías con el grupo de republicanos en el candelero.

Durante el Porfiriato se hizo la luz...

Después de muchas revueltas, todo estaba preparado en el país para que se presentara la etapa de "paz chicha", la porfiriana paz de Valle Nacional y el apogeo de las haciendas pulqueras, que aparte de haber gestado la "aristocracia pulquera" que hasta hoy día medra en la vida nacional, fueron vehículo principal para el establecimiento de la nacional charrería, el esplendor de las fiestas patronales, y sobre todo de una excelente etapa creativa para nuestra culinaria. Desde décadas atrás, Hidalgo y Puebla habían sentado ya las bases de la charrería con la fabricación de finos trajes, talabartería, sombreros y múltiples avíos de exquisita mano de obra elaborados en Amozoc. En los llanos de Pachuca, propios para el aprendizaje del hipismo, dicha disciplina fue heredada por mozos, caballerangos y mayorales. La tradición hípica provenía de la imagen paternal de personajes legendarios como Carlos Rincón Gallardo y Romero de Terreros, duque de Regla y marqués de Guadalupe, quien a la postre propondría ciertas reglas para el desarrollo de la charrería mexicana.

La producción fundamental de estas haciendas consistía en la fabricación del pulque, derivado del maguey, milagrosa planta mexicana que no sólo propuso vida y cultura popular sino también el mercantilismo de sus frutos. Por otro lado, el pulque pudo también rehacer muchas de las formas tradicionales de la comida indígena: barbacoas, mixiotes, salsas, mieles, etc. En lo relativo a su comercialización, los tinacaleros abarrotaron las ciudades del centro del país con establecimientos expendedores propiedad de los hacendados, pulquerías que a su vez motivaron toda una serie de acontecimientos muy ligados a la artesanía, la música, la culinaria y a otras manifestaciones mestizas, propiciando su uso entre todas las clases sociales, pero indiscriminadamente en los estratos más desprotegidos.

Entre otros usos y costumbres, las pulquerías, durante los sábados de gloria, impusieron el hábito de quemar los tradicionales Judas de carrizo y papel de china con engrudo, satirizando con insistencia a ciertos hombres públicos y personajes de la vida civil. Cohetes,[76] música, comida, libaciones y mucho colorido contenía este festejo con que se daba fin a la cuaresma. Hoy sólo forma parte del folclor auspiciado por algunas instituciones culturales, merced a la reiterada prohibición de "quemar cohetes".

En otro aspecto, las paredes de las pulquerías se decoraban con preciosura utilizando el tradicional colorido del mexicano; esta costumbre propició ciertas fases del muralismo mexicano. Los nombres dados a estos lugares iban de lo cínico a lo extravagante:[77] La Bella Otero, Me Sueñas, El Último Jalón, La Pasadita, El Atorón, La Gran Victoria, La Fuente Embriagadora, La Gran Mona, Donde las Águilas Mueren, La Domadora, El So-Baco, La Comadre del Barrio, Las Glorias de Juan Silveti, El Limbo, El Tecolote, El Siesteo de los Leones, Las Glorias de Tlatilco, El Cantón de los Zorrillos, El Pelos, La Cueva de las Comadres, La Camelia, La Dama de las Camelias, El Calvario, La Guerra, La Morena, La China Hilaria, La Guardia Blanca, Misión Blanca, Pul-Mex, La Toma de Parral, La Reyna de Texcoco, Las Travesuras de Baco, La Gatita Blanca, El Gran Gaona, La Reyna Xóchitl, La Bella Cande, La Traviata, La Ópera del Coliseo, El Baba-Dry, The Aztec, Los Hombres sin Miedo, Guadalupe la Chinaca, Las Castañas, Las Castañitas, El Paraiso de las Bellas, Sal si Puedes, La Llegada de Iturbide, Los eructos de una Dama, Los Pulques de Atzompa, El Recreo, Florentino, Pan y Pulque, El Océano Blanco, El Gran Tinacal, Vamos con Chincoya, Dr. Octli, El Tercer Frente, Los Tornillos, Juan Carnaval, Poeta y Campesinos, La Casa de Todos, El Rey Momo, La Reyna de la Opereta, El Rentoy, las Bichas, Los Cacarizos, Pirrimplín, Mi vida es otra, El As de la Rayuela, y Las Lindas Mexicanas, nombres aplicados de acuerdo con la época o el gusto del patrón, pero siempre pensando en la clientela cautiva.

Aparte de la generalizada versatilidad gráfica desbordada a lo largo de un siglo en los jocosos títulos de las pulquerías, otros aspectos relevantes se dieron también como parte de su desarrollo popular; por ejemplo, el hecho de que todos estos lugares mantuvieran ante sus puertas la figura inamovible de la "chimolera" o "fritanguera", matrona indígena o mestiza que proporcionaba al cliente ocasional y al bebedor consuetudinario, en respetable anafre y comal de lámina, sendos tacos de papas con rajas, tajadas de hígado de puerco, longaniza sudada en papel estraza, chalupitas, memelas con frijol y salsa de chipotle, quesadillas de panza y tlalitos, tripas de pollo o pato en guajillo, cuellos y alas de gallina encebollados, cecina, chito de la Mixteca en clemole y otras delicias, como los peneques en caldillo y el molito de olla de espinazo con un buen manojo de epazote, muestras gastronómicas más que elocuentes de la culinaria de un sector social de nuestra nación, provocada indirectamente por el afán comercial de los hacendados que durante la temporada de siembra permanecían gran parte del tiempo en sus ranchos y haciendas y que después de la cosecha retornaban a las ciudades donde vivían en palacetes y extensas fincas urbanas. Por lo regular una de estas ciudades era la capital de México, donde habitaba el mayor número de "aristócratas", nuevos ricos políticos, comerciantes y concesionarios de algún favor porfiriano.

Para el esparcimiento de estas esferas, había en la metrópoli un número considerable de elegantes restaurantes, cafés, teatros, salones, tívolis, pastelerías, dulcerías y otros lugares donde sobraba la falta de creatividad y el ocio. La mayoría de estos sitios por lo general se decoraban de la misma manera con el toque personal, claro, del propietario, pero en esencia bajo la misma norma: mesas francesas de "fierro" colado con cubierta de mármol, sillas austriacas o "Monterrey" tipo Early, gigantescas lunas biseladas sostenidas en ostentosos marcos de oro de hoja, vitrales emplomados de Claudio Pellandini, búcaros y macetones japoneses, lámparas bellísimas de Tiffany, helechos y diversas plantas ornamentales maravillosamente selváticas. En suma, un total eclectismo decorativo encabezado por el *art nouveau*. Como cosa natural, el mismo fenómeno se daba también en la gastronomía, que por estos años decantaba todos los estilos de la cocina mexicana con la culinaria europea, en especial la francesa.

La Concordia

Aparte de la existencia de antiguos lugares como La Gran Sociedad, El Café del Cazador, El Tívoli Central y El Tívoli del Eliseo, vigentes en la Ciudad de México antes y después del siglo XIX, hubo en la metrópoli otros sitios de mucha prosapia como La Concordia y La Maison Dorée. El restaurante La Concordia instalado entre las calles de Plateros (hoy Madero) e Isabel la Católica permaneció funcionando hasta 1906, más o menos, aunque durante el clímax del Porfiriato se dieran sus años de gloria. En este establecimiento, una milanesa con papas costaba 20 centavos, igual "que el de la sopa de ostiones en leche[78] [...] y el de los 'sambayones',[79] en quince"; fue tan popular esta sopa que en el *Diario del Hogar* apareció un anuncio informando que en virtud de su extraordinaria demanda: "los ostiones frescos en esta capital, el *express* de los señores Wells, Fargo y Compañía ha comenzado ya a traerlos desde Baltimore, Estados Unidos, en unos cajones especiales, para que su conservación sea perfecta".

Otra de las "órdenes" a saborear en La Concordia era el café con leche acompañado de mostachones, hojaldre de higo y huesitos de manteca. Por otro lado, para 1902, era ya famoso el señor León Ricaud, quien desde el 3 de septiembre de 1890 había solicitado al ayuntamiento el privilegio de ser el único fabricante de "unos biscochos de su invención, que a la vez son purgantes y medicinales, pues las sustancias que en ellos se empleaba son absolutamente inofensivas para el organismo";[80] estos mismos panecillos curativos los expendía dicho restaurante. Así las cosas y las prebendas, "Don Marcelino Lange ha pedido privilegio exclusivo por su descubrimiento, relativo al medio de conservar la carne en polvo".[81]

Como se ve, desde aquella época la producción de alimentos "chatarra" tomaba ya su incontenible carrera vigente hasta la fecha; sin embargo, La Concordia seguía siendo delicia de las familias acomodadas de la época, que abarrotaban el lugar para paladear sus sabrosas gelatinas de mosaico y los flanes de leche de cabra. Aunque no siempre todo fue recato y miel sobre hojuelas en este dichoso restaurante, ya que según veremos también daba qué decir:

El último domingo por la noche, se hallaba el señor don Manuel Iturbe tomando chocolate en el café La Concordia, cuando intempestivamente fue insultado y asaltado por un grupo de cinco individuos en estado de ebriedad, que estaban dizque cenando, en una de las mesas cercanas. El agredido sufrió terribles puñetazos hasta que la policía intervino, llevándose a los escandalosos.[82]

Pese a estos pequeños incidentes, La Concordia fue un lugar refinado y de excelente gastronomía, no sólo extranjera sino también mexicana.

Durante aquellos años, en la ciudad de México eran ya famosos los pambacitos poblanos considerados un verdadero manjar por todas las clases sociales. Los disfrutaba la gente en el tramo establecido entre la estatua del Caballito y la de Cuauhtémoc, donde desde el inicio de la noche efectuaban sus paseos los ricos habitantes de la ciudad, luciendo lujosos atuendos, y desde modestas carlingas hasta ostentosos carruajes con extranjerizados nombres: "Breack", "Sopanda", "Coupé", "Mail-coach", "Faeton", etcétera. Ambiente dominical con la presencia musical de la Banda del Capitán Encarnación Payén, que interpretaba valses, gavotas, danzones y algunas "danzas mexicanas" de corte sentimental como el "Adiós a Guadalajara" de Alfredo Carrasco.

A nadie amarga un dulce, aunque tenga otro en la boca

Mientras que los adultos se pavoneaban por la belleza de sus carros y atavíos, los niños menudeaban a los dulceros, turroneros y azucarilleros toda suerte de golosinas: yemitas acarameladas, palanquetas, alfajores, alegrías, obleas de todos los colores imaginables; pepitorias, huevos reales o bien los delicados macarrones de leche y vino que los vendedores populares vendían a sólo dos centavos la pieza.

Comúnmente se cree que Plateros era una larga avenida; sin embargo, ésta sólo comprendía dos calles cercanas al zócalo que eran exclusivas para la gente "chic"; de ahí en adelante (hacia el oriente) existía una línea divisoria creada sin mediar decreto alguno, pero que emocionalmente funcionaba para evitar que se mezclaran los señoritos con la chusma. De este modo, mientras en Plateros circulaban dandys, fifís y damas ensombreradas visitando los lujosos establecimientos de la zona, a partir del Portal de Mercaderes la gente del pueblo ataviada de dril, mezclilla y percal se solazaba con canciones, mazurcas y varsovianas a la mexicana interpretadas por la Banda de Zapadores o la de Rurales de Pachuca; más adelante, rumbo a San Lázaro, febrilmente el populacho amarchantaba alimentos, frutos y cosas de uso cotidiano entre improvisadas barracas, fritanguerías y puestos de aguas frescas, en los que ya brillaban por su ausencia las abigarradas chinas. Comenta Alfonso de Icaza que en una de aquellas dos calles estaba el Café París junto a la Camisería de Plateros de don Paul Marnat, y muy cerca otro comerciante de origen francés, don Teófilo Maillet quien personalmente atendía su cafetín, famoso por el pan de hojaldre, las compotas de durazno y las manzanas en almíbar.

En otro lado, en 5 de Mayo, se encontraba El Salón Bach, elegantísima cantina al estilo sajón donde años después, el 5 de abril de 1933, fuera asesinado "el Ruiseñor Yucateco", Guty Cárdenas; estaban ahí también los cafés Royal y La Imperial. El primero atendido por mujeres y el segundo famoso por sus cocteles y mariscos. Otras famosas cantinas y restaurantes como La Fama Italiana, La Opera y El Congreso Americano se disputaban a la clientela adinerada con *free-lunchs* y botanas de exquisita factura mexicana consistentes en carnitas de puerco, barbacoa, embutidos a la vinagreta, pipianes y quesos de San Luis Potosí, todo ello por el consumo de una copa —si así se deseaba— de cualquier licor, que entonces costaba sólo 25 centavos.

Ya desde 1864, la pastelería El Globo era líder en bocadillos y entremeses, además de los mantecados de frutas naturales y sus insustituibles gelatinas afrutadas, hasta la fecha deliciosas. También estaba el establecimiento de los hermanos Sanborns, que distaba mucho de ser lo que hoy es, ya que originalmente se inició como botica;[83] junto estaba otro restaurante de regular cocina llamado Manhattan. Por supuesto que no se puede dejar en el olvido el local de la confitería Celaya, reducto de la glotonería preservado hasta la fecha por la excelente calidad y cariño de su bendita dulcería mexicana, compuesta de frutas cubiertas, cajetas, calabazates, alfajores, suspiros de monja, besitos de piñón, morelianas, canelones, jaleas, ates de manzana, perón, guayaba y tejocote, y tantísimos otros maravillosos dulces nacionales, expuestos en sus antañonas vitrinas y mostradores terminados en finas maderas.

LA MAISON DORÉE

Este restaurante también legendario se encontraba en la antigua calle de San Francisco (hoy Madero), frente al Hotel Iturbide (Palacio de Iturbide), que hoy es el Museo del Banco Nacional de México, precioso edificio que fuera habitado por el efímero primer Emperador de México, Agustín de Iturbide. La Maison era un lugar pequeño con cierto modernismo que le proporcionaba el *art nouveau*, estilo arquitectónico vigente en nuestro país entre 1895 y 1906. Lugar de amplios ventanales y fachada de madera, por razones desconocidas no fue muy del gusto porfiriano por lo que su presencia resultó casi efímera, sin dejar por ello de ser una excelente etapa del *bon vivant* entre los más famosos dandys de la época, en cuyo grupo destacaba el tristemente célebre Nachito de la Torre y Mier, yerno de don Porfirio, quien gustaba mucho de las carnes al estilo "Wellington" y el café a la cubana que ahí se servían a todas horas. Tal vez fueron sus elevados precios lo que motivó la decadencia, aunque también pudo haber sido la apertura de la Maison Raté,[84] en lo que hoy son las calles de Bolívar, instalada por "maese" Benito Flores quien dotó a su modesta fondita con menús de mexicanidad a toda prueba. Esta cocina exquisita fue reconocida por vates, artistas, músicos y periodistas en franca rebeldía como caída del cielo, merced a tanta gastronomía europea predominante por todos lados. Con "maese" Benito, manducar era otra cosa, ya que aquí "rifaban" con esplendidez los chilaquiles con queso y carne asada, las milanesas con papas y queso fundido, la cecina y el tasajo con frijolitos refritos o de la olla, los chiles rellenos y en caldillo, las salsas de todos tipos, los chiles: verdes, toreados y encurtidos y, siempre al lado, una buena jarra de agua de jamaica, chía, piña o melón; las tortillas y totopitos mayoreaban así como teleras y virotes de Las Cibeles, panadería cercana a la próspera Maisón Raté; en la diaria minuta de "maese" Benito tampoco faltaba la salsa borracha, fórmula exacta para levantar muertos y crudos después de una parranda sin huella, constante azote de su clientela compuesta en su mayoría por gente de teatro, toreros, intelectuales y todo tipo de "arrancados"; mientras tanto, la aristocrática Maison Dorée fenecía por lo caro de sus precios, sus menús rebuscados y, para el colmo, escritos en "franchute".

Por aquel entonces, muchos de los letreros de restaurantes y otros establecimientos eran de vidrio con "doraduras" y fondos oscuros enmarcados en cedro. Viene esto a colación porque el Gambrinus, que estuvo en el callejón del Espíritu Santo (hoy Motolinía), Vergara y Coliseo Nuevo (actual Bolívar) ostentaba un anuncio parecido. Gambrinus fue un sitio de grandes polendas gastronómicas que llegó a crear una culinaria mexicana e internacional de gran importancia.

Las canciones de tono sentimental que entonces se escuchaban en todo el país eran "Carmen, Carmela", "A la orilla de un palmar", "Pajarillo barranqueño", "El limoncito", "María Reducinda", "La golondrina" y "Paloma mensajera", que junto con los sones rancheros y los jarabes encadenados[85] formaban ya un pleno contexto musical mexicano. A estas alegres piezas se les llamaba con mucha emotividad "Aires nacionales".

Las danzas mexicanas "Marchita el alma" y "Perjura" eran tarareadas por todos los mexicanos, pero en cambio la danza "Perjura" de Miguel Lerdo de Tejada se comentaba mucho más por lo atrevido de su letra inspirada por un amor no muy casto y puro,[86] como la mayoría de sus vivencias amorosas. Además, "Perjura" abrió a la canción sentimental el camino del modernismo, hasta llegar en 1928 a manos de Agustín Lara, quien creó a partir de la canción y el bolero cubano una de sus mejores etapas. Fue en 1901 cuando Lerdo de Tejada escribió su "Perjura", con letra de Fernando Luna y Drusina sobre una mesita redonda de mármol del café Noche Buena, ubicado en la calle de Bolívar, muy cerca de la Maisón Raté de "maese" Benito y en el entorno de lugares como el Salón Rojo, los cafés París, Colón, Royal, Marquisse y el restaurante Manhattan, sitios que Lerdo y su grupo de bohemios visitaban según su estado financiero para al fin y al cabo rematar en cantinas como El Gallo de Oro, La Fama Italiana, El Congreso Americano y el elegante Peter Gay donde ocasionalmente su atufado propietario, llevado por la caridad, permitía la ejecución que presentaban humildes cantores populares para que sus clientes escucharan las coplas del "Sombrero Ancho" o el "Charro Nicolás", tonadas que, por raras y campiranas a los asistentes les parecía un atentado al buen gusto. Sólo esporádicamente y casi por suerte se lograba ver a estos anónimos trovadores dentro de las selectas cantinas.[87]

Entre botana y botana...

Por estos años, los modernos salones y cantinas al estilo norteamericano iniciaban la costumbre hoy muy generalizada de la "botana", derivada del *free-lunch*, práctica que desde hacía algún tiempo el Peter Gay había impuesto entre los parroquianos, pero la que por desgracia y debido a sus condumios de estilo sajón no alcanzaron a gustar del todo. Primero fueron las famosas "tapas" con aceitunas, alcaparras, queso holandés y galletitas untadas de mantequilla y picadillo; con el paso del tiempo la clientela fue sugiriendo otro tipo de bocadillos más mexicanos como las enchiladas a la sanluiseña, los envueltos de mole poblano, la barbacoa, la sopa de fideos con alitas de pollo y los más exóticos y abigarrados platillos mexicanos, como chilaquiles, mixiotes o carnitas al estilo Michoacán, con bolillitos, teleras crujientes y bien refritos totopitos o chiquihuites de calientes tortillas; hoy día, una gran mayoría de cantinas en todo el país ofrecen a sus clientes verdaderos banquetes "cantineros" rociados de bebidas preparadas y negras o claras cervezas de exquisita calidad.[88]

Sin duda la "botana" hoy forma parte de la cultura gastronómica del mexicano, no solamente en las cantinas, ya que ésta aparece en cualquier reunión social, familiar o en los acontecimientos y lugares más raros e intrincados, optando en la mayoría de las ocasiones por la fórmula sencilla y facilona de la "chatarrita": frituras de maíz, charritos, totopos, chicharrones o de papas fritas, habas y garbanzos, que a pesar de tener una gran tradición mexicana, por su actual forma de elaboración resultan deleznables y sólo para paladares peregrinos.

Gráficas aparecidas en *Revista de Revistas* de 1919.

Gráficas de distintos años. El del coñac: *La Semana Ilustrada*, 1913; Tívoli: *México al Día*, 1917; Agua de Tehuacán: *El Dictamen*, 1902 (obsérvese cómo esta bebida antes medicinal, hoy tiene otros usos); Flugel: *Revista de Revistas*, 1921; Panadería: *Revista Rusia Azul*, 1924.

NOTAS AL CAPÍTULO

1. En su "Quinta disertación sobre la constitución física y moral de los mexicanos", Clavijero rebate la absurda tesis del naturalista Johnston: "Yo ciertamente no sé qué deba admirarse más, si la temeridad y descaro de aquellos viajeros que propagaban semejantes fábulas o la simplicidad de los que las aceptaban". Francisco Xavier Clavijero, *Historia antigua de México*, Editorial Porrúa, México, 1974.

2. Juan Garrido era el nombre del sirviente guineo de Narváez, a quien se atribuye la introducción y siembra del trigo entre 1521 y 1523, grano que ya para 1524 era cosechado en abundancia en la ciudad de México, siendo las órdenes religiosas las encargadas de su cultivo, y que los jesuitas llevaron hasta el norte y las Californias.

3. Mudéjar, del árabe *mudechan*, que significa tributario: arte tributario. Tequitqui, del náhuatl. "Tequitl", tributo, "e itqui", sufijo del sujeto que realiza la acción, por lo que es tributario. Todo el arte y la mano de obra indígena expresada en arquitectura, lapidaria, pintura y escultura, del siglo XVI al XVII, propuesto por los religiosos españoles. El término "tequitqui" fue incluido y sugerido por José Moreno Villa (1887-1955), natural de Málaga, España. *Cornucopia de México*, Sepsetentas, México, 1976.

4. Gonzalo Fernández de Oviedo (1478-1557), soldado madrileño, a quien en 1532 se le concedió el título de "Cronista de Indias". En 1514, en la expedición de Pedrarias Dávila, inició sus correrías en el Nuevo Mundo, que en el aspecto gastronómico relata con sensualidad y exquisito gusto. Sobre la piña desglosa: "Hay en esta isla española unos cardos, que cada una de ellos llevan una piña, puesto que, porque parece piña, las llaman los cristianos piñas, sin lo ser. Ésta es una de las más hermosas frutas que yo he visto en todo lo que del mundo he andado [...] tal fruta como estas piñas o alcachofas, ni pienso

en el mundo las hay que se iguale en estas cosas juntas que ahora diré. Las cuales son: hermosura de vida, suavidad de olor, gusto de excelente sabor. Así que de cinco sentidos corporales, los tres que se pueden a las frutas, y aún el cuarto, que es el palpar, en excelencia [...]" *Sumario de la natural historia de las Indias*. FCE, México, 1950.

5. Tal vez se refiera al capul, planta ulmácea de fruto comestible y color amarillo, parecido al capulín: quizá también se trata del capulín.

6. Se refiere a los gachupines. Ver en Glosario de términos: gachupín.

7. Es la primera vez que observo cómo un cronista, poeta o viajero español del siglo XVI hace gustosa mención de un guiso prehispánico conocido hasta nuestros días, lo cual quiere decir que nuestras observaciones respecto al desdén de "Las comidas, que no entiendo acusan los cachopines" son correctas, denotando además que ya existían platillos que hoy se atribuyen al gusto de criollos, monjas y virreyes. Naturalmente, el pipián o mole verde que hoy conocemos es mestizado, ya que incluye mexicanos productos, como: pavo, epazote, pepita de calabaza, cacahuate, chile y tomates verdes, emparentados con acelgas, lechuga, cilantro, almendras, avellanas, ajonjolí, carne de puerco, hoja de rábano y ajo, traídos por los españoles.

8. El mitote era una danza prehispánica con características de la ronda española, mismo que se celebraba con libaciones de pulque. Etimología: de mitotani o mitotiqui, danzante, o mitotia, bailar.

9. Aún en nuestro tiempo, todo baile indígena o mestizo cansa al verlo, por lo repetitivo; ejemplos: la danza de los negritos, de la Sierra Norte de Puebla, y el huapango o *xochipitzahua* campesinos.

10. Chuchumbé: baile de origen africano introducido a Veracruz vía Cuba.

11. Xarabe: palabra de origen árabe, que los españoles trajeron a México castellanizada en un baile popular llamado jarabe.

12. Mozárabe: se aplica a los cristianos que vivían entre los árabes de España. Se dice de toda influencia mora.

13. Caldo de olla es lo mismo que mole de olla, guiso diferente de los moles de pavo o guajolote, mole verde, etcétera.

14. Los envueltos son las tradicionales enchiladas. En Puebla y Tlaxcala permanece dicha designación.

15. Frijoles parados son los que aún no se han guisado con cebolla, aceite o manteca y suelen estar un tanto recios pero ya cocidos.

16. Instrumento parecido al laúd.

17. El uso de la talavera en la Nueva España, sin duda fue de gran magnitud, sin embargo, en excavaciones importantes del centro de la ciudad de México (el Hospital de San José de los Naturales, por ejemplo), los restos de la alfarería nos muestran, mayormente, fragmentos de loza popular: de barro vidriado rojizo y con vetas negras, al estilo español. De hecho, la talavera (como hoy sucede) se disponía para casos "en que se repicaba fuerte", ya que su costo siempre ha sido elevado, dadas las condiciones de su manufactura.

18. La participación de guildas, gremios y cofradías en el aspecto fabril, en especial de la loza, provocaron durante la Colonia y el virreinato un auge notable, especialmente en el renglón de exportaciones a Sudamérica, Filipinas, Japón, Perú, Colombia, Cuba, etcétera. Por su carácter religioso, dichas agrupaciones dieron vida a fiestas, celebraciones y todo lo relacionado con la música y la comida. En México existieron cofradías de gran poder económico, político y religioso, así como asociaciones de indios, mestizos, negros bozales, pardos, españoles, criollos y diversas castas. Hubo cofradías de sastres, plateros, carboneros, artistas, pintores, panaderos, etcétera. Manuel Carrera Stampo, *Los gremios mexicanos*, Alejandro de Humboldt, *Ensayo político sobre la Nueva España*, 1836, pp. 13 y 69.

19. Humboldt: *op. cit.*, p. 205.

20. Condesa Paula Kolonitz. *Un viaje a México en 1864*. Traducción del italiano por Neftalí Beltrán. Sepsetentas, México, 1976, pp. 101 y 102.

21. La chinampa es otra de las aportaciones de México al mundo, sólo que tardíamente, por medio de la "hidroponía". La chinampa es una extensión de terreno muy pequeño ganada al lago de Texcoco o a los canales de Xochimilco y Tláhuac, donde fabricaban los indígenas una especie de estero o cama de troncos y carrizo llamada tepechtle o chinámil rellenado de tierra y limo acuático. Al bajar al fondo, las raíces anclaban a la chinampa. Etimología: *chinámitl*, trama de varas o cañas, y *pan*, encima de.

22. *Op. cit.* Colección de cinco tomos, traducida al español por Vicente González Arnao (tercera edición), publicada por la Librería de Lecointe. Perpiñán, Francia, 1836.

23. Los comercios populares en México siguen usando "estraza", fabricado en el país con residuos y moliendas recuperadas del papel.

24. Desde la llegada de los doce primeros religiosos al Nuevo Mundo, y casi durante la Conquista, fueron plantados en Tulyehualco, D. F., los primeros árboles de olivo. En la actualidad, una gran parte de los habitantes de este lugar participan en la manufactura del producto: aceite y aceitunas siendo éstos de buena calidad y bajo precio, aunque no de la categoría de los aceites y aceitunas españoles y mediterráneos.

25. No necesariamente bacalao noruego: puede ser también cazón salado de Campeche, que es exquisito. El resultado de este guiso depende de la calidad del aceite, las aceitunas y las alcaparras y, por supuesto, de la mano del cocinero.

26. Aun con estos impedimentos, tanto la loza "vulgar" como la de talavera y el referido vidrio poblano, durante todo el siglo XIX y la primera mitad del XX, forman parte del menaje popular y burgués, siendo la loza de barro común y el vidrio elementos

indispensables en almuercerías, fondas, cenadurías, puestos de aguas frescas y pulquerías, principalmente.

27. Durante los últimos meses de 1993, me enteré de un proyecto del gobierno estatal, que ha decidido derribar múltiples edificios de gran arraigo histórico y popular para construir un complejo turístico y comercial. Entre estos inmuebles se encuentra el Parián. Esta piqueta habrá de resultar nefasta, ya que en estos sitios se han gestado acontecimientos que hablan de la personalidad histórica de la Angelópolis. El Parián ha sido testigo de la evolución culinaria y gastronómica de la ciudad durante varias generaciones. ¡*Aures habent et non audient*!

28. El tejocote es una bebida alcohólica tradicional de Puebla, elaborada a base de alcohol y aguardiente de caña, a la que se le adicionan tejocotes deshidratados y que en cierto tiempo adquieren *bouquet*, sabor y coloración parecidos al coñac o brandy.

29. Según el *Nuevo cocinero mexicano*, publicado en París, en 1888, en la librería de Ch. Bouret, el clemole es un "caldillo de chile con tomates, en que se guisan todas las legumbres y carnes al estilo del país", siendo diferente del caldo de olla con jitomate.

30. Chaquetas: grupo realista pre y pos independentista contrario a los intereses de los insurgentes, que describe ampliamente "el Pensador Mexicano", José Joaquín Fernández de Lizardi, en algunos cuadros de su obra *El periquillo sarniento*. Por la posición desleal de este grupo, hasta la fecha a los traidores se les dice chaqueteros. En muchos lugares de Puebla al pan quemado y contrahecho (pero del día) se le conocía como "pan chaqueta". Durante 1810, el ingenio popular creó las coplas del corrido "Viva la Guadalupana" donde se les menciona con sorna. Se refiere también a las prendas de vestir como chamarras, sacos, etcétera. Esta voz también tiene connotación sexual.

31. De hecho, el jarabe se manifestó primero en las grandes ciudades como todas las músicas y géneros habidos, desplazándose después al entorno agrario.

32. *Puebla ante la historia, la tradición y la leyenda*. Publicación personal realizada en la ciudad de Puebla en 1948, p. 267.

33. Se dice: chimisclán, chimiztlán o chimixclán. Etimología improbable. Posible corrupción de *quimich patlan*, murciélago.

34. Las chalupas, curiosamente no son originarias de Puebla sino del valle de México y en concreto de la zona de los lagos y canales, ya que es sabido que en Puebla no existieron las chalupas, que son lanchas o canoas propias de la región lacustre de Texcoco y Chalco. En su origen, a principios del siglo XIX, éstas eran unas "memelitas" ovoides de unos 12 centímetros, "pellizcadas" en los bordes, que se cubrían de salsa verde o roja, cebolla y rábano finamente picado, queso fresco y manteca hirviendo sobre todo esto. Alrededor de los años veinte, en Puebla proliferaron las chaluperas con sus braseros y comales de barro de Amozoc, con un estilo de chalupas parecido al que hoy se consume: tortillas redondas de cinco o seis centímetros de diámetro, salsa verde y roja, cebolla finamente picada (algunas "antojeras" la pican con navaja de rasurar) y hebras de falda de puerco (originalmente dichas hebras de carne eran de barbacoa), todo ello frito en manteca, adicionándole una cucharada de ésta que previamente se calienta en un cazo independiente. El gusto por las chalupas se popularizó en la Angelópolis gracias a las incontables verbenas "patronales" que hoy se llaman ferias. Existe en casi toda la zona de Guerrero otra variedad de chalupas, que consiste en una tortita de maíz, frita en manteca en forma de cazuela de tres o cuatro centímetros de diámetro sobre la que se colocan alguna hebras de carne de puerco y se sirve con salsa de chipotles y crema agria. La mención de este antojito aparece en la ciudad de México desde principios del siglo pasado.

35. Entre estos lugares estuvo la antigua "Casa Real" o Palacio de Iturbide, que durante muchos años y casi hasta nuestros tiempos fue utilizada como mesón, habiendo sido testigo de múltiples vivencias arrieriles.

36. *El siglo XIX*. 4 de noviembre de 1890, p. 4.

37. *Los mexicanos pintados por sí mismos*. Segunda edición facsimilar, en los talleres Neolitho. Biblioteca Nacional de México, 1935, pp. 149-151 y 157.

38. El atajador lo mismo cumplía con su labor de guiar la recua como de proveedor y cocinero de la comitiva.

39. *La canción mexicana*, Vicente T. Mendoza. Fondo de Cultura Económica, 1982, p. 294. Parte de esta "letra" apareció originalmente el 16 de abril de 1862 en el periódico *La Orquesta*.

40. *Te odio México*. Memorias del primer embajador norteamericano en nuestro país, Joel Roberts Poinsett. Adaptación de Cristina Pacheco. Editorial Contenido, primera edición, México, 1977.

41. *Id.*

42. *Id.*

43. *Id.*

44. En la elaboración de salsas mexicanas, sobre todo en las "molcajeteadas", por lo común interviene la añadidura de jitomate y tomate verde. Esta variante que Poinsett relacionó debe ser sólo con chile molido, asado o hervido, y después sazonado con manteca, costumbre casi en total desconocimiento actual en el país que solamente se encuentra en algunas regiones de Tlaxcala, Hidalgo y Veracruz, comúnmente llamada "salsa piquín".

45. Por desgracia, los mexicanos todavía no reconocemos en el mestizaje un concepto de mexicanidad.

46. Su primer descubrimiento de la nación mexicana fue a través de todos los cronistas antiguos y en especial por las "Relaciones" de Cortés y el libro de su amigo William H. Prescott, sobre la conquista de México. A menudo, la marquesa, al encontrarse entre difíciles veredas y caminos del país, manifiesta encontrarse en las mismas condiciones de descubrimiento que Cristóbal Colón.

47. Legendario arpista y decimero de la región oriental del país.

48. *Madame* Calderón de la Barca, *La vida en México*. Traducción, notas y prólogo de Felipe Teixidor. Segunda edición: "Sepan Cuantos...", 74. Editorial Porrúa, México, 1967.

49. Se refiere a las pencas de maguey.

50. En relación con el queso, Fanny comenta que en una ocasión le fueron ofrecidos "unos burros", que eran tortillas calientes con queso. ¿Se refería quizá a las gordas de maíz que los chicanos llaman en Estados Unidos "burritas"?

51. Leopoldo Zamora Plowes. *Quince Uñas y Casanova. Aventureros*. Tomo II. Editorial Patria, México, 1984.

52. Por la situación de paso entre Veracruz y la ciudad de México, Puebla contó desde principios del siglo XVI con innumerables mesones, hospederías y bancos de herrar, lugares donde se cambiaban herraduras a caballos, mulas y burros, además de hacer reparaciones a carretas y diligencias. Entre las calles de San Roque y la Torrecilla, exacto en el puente, hasta 1957 se encontraba ahí el último banco de herrar de la ciudad, conocido como el de los "Pinanas".

53. Una de las características de la ciudad de Puebla ha sido siempre sus vendedoras de comida, llamadas chimoleras, chileatoleras, fritangueras, chaluperas, memeleras, moloteras, etcétera. Analco, la Luz y los Sapos, hasta muy avanzada la década de los sesenta, presentaba todavía estas escenas. Hoy día casi han desaparecido.

54. Durante 1847, Analco y los Sapos fueron lugares de músicos y trovadores. Últimamente ha vuelto la tradición musical a estos lugares.

55. Muchas fueron las cuartetas y décimas dedicadas a los invasores, de las cuales se conocen muy pocas, ejemplo: "Soy soldado de guerrilla/ y también distingo el paso;/ no soy reata de cuartilla;/ soy reata de lechuguilla". Antología: Rubén M. Campos, 1928.

56. En Puebla, hasta la fecha no se dice vamos a desayunar o a cenar; se acostumbra utilizar la palabra "beber".

57. *Op. cit.*

58. En los barrios populares de Puebla, hasta 1950 había apellidos sajones, como: Maning, Pierson, Williams, Miller, así como también franceses: Grevaud, Fournier, Michaud, Bouchan, etcétera.

59. *Calle Vieja y Calle Nueva*. Artemio de Valle Arizpe, Cía. General de Ediciones, S. A. México, 1962, pp. 215, 216 y 221.

60. Desde antes de la Conquista existió dicha plaza, dedicada a la ceremonia de los voladores de Papantla. Más tarde, durante la Colonia, dicho terreno propiedad del marqués del Valle de Oaxaca, fue destinado al juego de las cañas, realizado junto con las primeras corridas de toros. En el año de 1790, durante el gobierno del virrey conde de Revillagigedo, se edificó el mercado de la Plaza del Volador. Dicho mercado desapareció en 1935, durante la presidencia del General Lázaro Cárdenas, para dar paso a la construcción de la Suprema Corte de Justicia. El Volador, como centro de abasto de la ciudad de México, cumplió durante su existencia los requerimientos de su tiempo, donde existían fondas, puestos de atole y tamales, fruterías, verdulerías, libros viejos, antigüedades, carnicerías, venta de pulque, "tarimas" de pan, y la venta de flores y legumbres, traídas hasta el embarcadero de Roldón desde Chalco, Xochimilco, Tláhuac y las orillas de los canales de la ciudad.

61. *Los bandidos de Río Frío*, Manuel Payno, Autores Clásicos Mexicanos, México.

62. Entre la gente de escasos recursos, el chocolate con leche era casi prohibitivo, siendo más común tomarlo con agua hirviendo. Respecto a esto, el ingenio popular provocó un famoso dicho para calificar el enojo de una persona: "¡Estoy como agua para chocolate!"

63. *Chingalistlán*. Jesús Flores y Escalante. B. Costa-Amic Editores, México, 1979.

64. Manuel Payno anota: "El jarabe es un baile popular de México, como el flamenco en Andalucía. Cuando el baile hace mudanzas,

difíciles y repetidas con los pies, dando fuerte con los tacones en el suelo, se dice: 'ya comienza a pespuntear'. Pespuntear un jarabe es bailarlo a la perfección". Desde luego, el jarabe siempre se caracterizó por sus distintas formas de bailarlo. No era lo mismo el jarabe poblano que el jarabe oaxaqueño o el jarabe ranchero de Jalisco, aunque todos dependieran de la misma rama andaluz, que los hacía parecer iguales.

65. *Los Bandidos de Río Frío*, *op. cit.*, pp. 91, 155 y 156. Respecto a la alimentación de los músicos, en todas las épocas éstos se han caracterizado por el consumo indiscriminado de alimentos y bebidas, teniéndose incluso la costumbre, por parte de los anfitriones, de reservarles viandas y licores especiales.

66. Condesa Paula Kolonitz, *Un viaje a México en 1864*, *op. cit.*

67. *Id.*

68. Resulta curioso observar cómo los europeos no encuentran ningún sabor en las tortillas de maíz, cuando la "polenta" que ellos acostumbran es también del mismo grano y ésta sí es verdaderamente estéril de sabor. No se debe a la costumbre ancestral que los mexicanos encontremos sabores diferentes en la tortilla, ya como aditamento de guisados o bien en sus distintas formas: totopo, totopoxtle, sopa de tortilla, tacos blandos y fritos, etcétera.

69. Pablo Dueñas comenta en su obra ya citada la audacia del cancán en México.

70. *Un viaje a México en 1864*, *op. cit.*, p. 107.

71. Se dice que "La paloma" fue la canción preferida de Carlota, y que la soprano mexicana Conchita Méndez la cantó por primera vez en 1866 ante los emperadores.

72. Ramón Valdiosera. *Maximiliano vs. Carlota. Historia del affaire amoroso del Imperio Mexicano 1865-1927*. Editorial Universo, México, 1980.

73. Algunos investigadores opinan que la voz "guachinanga" proviene de Cuba. El maestro Fernando Ortiz en su *Nuevo Catauro*

de Cubanismos explica diferente origen, pp. 272 y 273. Leopoldo Zamora Plowes en su obra ya citada aclaró en cierta concordancia con Ortiz su relación con la forma en que los veracruzanos llamaban a los criollos de tierra adentro: "Hoy por la corrupción se les nombra chilangos. Por supuesto, quizá sin saber por qué", p. 79. Cecilio A. Robelo en su citada obra propone que el origen de la palabra es prehispánico y se refiere a árboles así como a un pueblo llamado "Huauchinanco" (Huauchinango, en el estado de Puebla) y también a una "especie de pargo colorado como los cachetes de los arribeños".

74. Octavio Aguilar de la Parra, *La sombra de Hernán Cortés sobre los muros mexicanos*. B. Costa-Amic Editores, México, 1984, p. 233.

75. La mistela es un vino o mosto exageradamente dulce al que se le adicionó alcohol.

76. Los mexicanos decimos "cuetes". Otra acepción similar, usada para indicar borrachera es: "Anda bien cuete". Cuete es también un arma de fuego.

77. De óperas, novelas, películas, canciones y teatro de revista.

78. Alfonso de Icaza. *Así era aquello. Setenta años de vida metropolitana*. Ediciones Botas, México, 1957, p. 39.

79. *Así era aquello*: *op. cit.* Los "sambayones" que cita Icaza en realidad era la Sambaiona italiana. *El nuevo cocinero mexicano* en su página 768 da la receta que es parecida al rompope mexicano y al sabaján de Colombia: "Para este ponche o huevos espirituales a la italiana, se echa, en una cacerola doce yemas de huevos frescos, cuatro vasos de vino de nadera o de excelente vino blanco, seis onzas de azúcar y una poca de canela en polvo. Se pone la cacerola a fuego vivo y se bate lo que contiene con un molinillo, hasta que la espuma haya llenado la cacerola. Se sirve sin perder instante en los botecillos para crema o en tacitas de café".

80. *El Heraldo de México*, 1898.

81. *El Imparcial*, 1895.

82. *El Diario del Hogar*.

83. En el precioso edificio conocido como "la Casa de los Azulejos", durante aquellos años estaba el aristocrático Jockey Club que es donde hoy se encuentra instalada la Casa Sanborns.

84. Los mexicanos somos muy dados a la parodia y el relajo, por esa razón surgió La Maison Raté, copia de La Maison Dorée; durante los años sesenta inauguraron la copia del Sylvain llamado "el Sylvaincito" y hasta la fecha en Veracruz existe el Sanborcito inspirado del famoso Sanborns. Otro remedo de este tipo estuvo entre 1964 y 1975 en la calle de Izazaga: El Foco al Aire, versión popular del Focollare.

85. A principios de 1886, el músico José Antonio Gómez unió jarabes de distintas regiones del país para formar lo que después se conoció como "jarabe encadenado"; más tarde, a principios de 1900, se le conoció como "Aires nacionales", tomándolos el folclor de Jalisco ya como suyos con el nombre de jarabe tapatío.

86. "Perjura" abrió en la canción mexicana la posibilidad del reproche, naciendo con ello temas "de amor y contra ellas".

87. García Cubas, de Valle Arizpe, Guillermo Prieto y otros historiadores comentan que los músicos callejeros casi no entraban a las cantinas. Afortunadamente, hace 30 años tuve oportunidad de entrevistar al organillero Felipe Contla, oriundo del entonces pueblo de Aragón, quien estuvo de acuerdo en que desde el siglo pasado todas las cantinas de la ciudad aceptaban en sus puertas a cantantes y organilleros.

88. Para el consumo de cerveza, las botanas convencionales han sido siempre los caldos de cazón, camarón y de diferentes pescados fritos o al mojo de ajo. Verdaderos prodigios en cuestión de caldos se servían y sirven en las cantinas: La Campana (frente a Dr. Carmona y Valle); en Arcos de Belén, La Mexicana y en Carmona y Valle y Puebla, La Castellana (en Ayuntamiento) jun-

to a la XEW y por supuesto en la Antigua Tequilería de Manrique, en Isabel la Católica, donde además del caldo de camarón sirven "platitos" de papas en vinagre y aceite de olivo, camarones, pepino con cebolla y limón, pata a la vinagreta y totopos con diferentes salsas.

LOS MODOS Y ALGUNOS ROSTROS
DE LA COMIDA MEXICANA

Salsas mexicanas: picada, con jitomate, cebolla, chile verde, cilantro, aceite de olivo, limón y sal; verde, con tomate, cilantro, cebolla, ajo y aguacate; roja, con chipotle "morita", ajo, cebolla (las dos últimas molcajeteadas). Al fondo: Arcángel San Miguel, óleo de Mónica Flores (permanece en colección particular). Adornos: jarros de barro y vidrio verde, ambos de Texcoco. Foto de Jesús Flores y Escalante, 1994.

Mazorcas. El divino maíz de los mexicanos, también alimento de todos los pueblos precolombinos de América. Hoy forma parte de la dieta de todos los habitantes del planeta. Foto de Jorge Luis Herass, 1992.

Pulquería. Hombres y mujeres "pidiendo y pagando" sus respectivos jarros de neutle, bebida popular por excelencia. Foto de *Revista de Revistas* núm. 1621, 22 de junio de 1941.

En el "changarro" de las canelas. El frío de la madrugada es aniquilado con las populares canelas, infusiones de té naranjo, muicle, anís y por supuesto el "café negro" de olla, todos con su respectivo "piquete" de tequila, ron o aguardiente. Foto de *Revista de Revistas* núm. 1651, 18 de enero de 1942. Ambas, Archivo hemerográfico de Jesús Flores y Escalante.

Óleo de 1938, titulado *La isla de los monos*, pulquería que nos muestra la forma tradicional y festiva de estos lugares. Se observa el papel picado, el cilindrero, el cuico, tecolote, gendarme o policía, el infaltable perro, el niño con su banderita y los valedores codo con codo compartiendo con el cargador o "mecapalero". No podía faltar la fritanguera, motivo de las libaciones dado el "picor" de sus populares condumios. Pintura propiedad de Gastón Martínez Matiella, ejecutada por R. Castañeda.

Composición donde se aprecia la clásica jarra pulquera de vidrio verde pintada a mano, del Barrio de la Luz; el jarro "de a litro" de barro
negro vidriado de los alfareros de la calle de la Barranca, en el Barrio
de Analco; chivo de litro y medio de vidrio verde, también de La Luz,
en Puebla. En la parte inferior, cazuelitas de barro rojizo y verde de
Michoacán, las cuales contienen ajonjolí y queso con cebolla. Enchiladas o "envueltos" poblanos con relleno de carne de puerco, pasas,
ajo, cebolla, pera, manzana, durazno y plátano macho; las enchiladas
sobre plato de loza poblana, estilo "Talavera de la Reyna", con rodajas
de cebolla, rábanos floreados, ajonjolí tostado y lechugas rebosantes
en aceite de oliva, limón y sal. Foto de Jorge Luis Herass, 1994.

Ama de casa de los años cuarenta, ante su arcaica estufa de petróleo, "logro de la expropiación petrolera", que luego fabricaron las marcas Beroa, Fraga y Mabe, dejando en el olvido los braseros de barro y lámina. Se observa en el entorno un modesto menaje cocineril: trastero con "cucharas de palo", coladeras, utensilios de aluminio y las clásicas cazuelas y ollas de barro. Foto (anónima) tomada de *Revista de Revistas* 1653, 1º de febrero de 1942. Arch. cit.

Doña Juanita Bonilla, cocinera poblana desde los años veinte y la propietaria de la fonda Chinas y Charros de quien se dice hacía el mejor mole de guajolote, Fotografía de Josaphat, por cierto, uno de los más antiguos fotógrafos de Puebla.

Ex voto al óleo de Mónica Flores (permanece en colección particular). Destaca la explosividad y colorido de las pulquerías mexicanas en este retablo, donde los motivos son: el Sagrado Corazón de Jesús y "Graciano". Pintura de 1992. Foto de Jorge Luis Herass, 1993.

Foto donde aparecen las clásicas y tradicionales "cemitas" poblanas; apetitosas, doraditas y recién salidas del horno. La paremiología mexicana registra el dicho: "Salir como cemita, con ganancia adentro", refiriéndose a cuando las mujeres resultaban embarazadas. Este refrán tomó popularidad desde principios de siglo, cuando en los lugares en donde se vendían preparadas, se incrustaban muñequitos de colores que daban derecho a determinado premio. Esta costumbre fue copiada por los cemiteros a los expendedores de pulque. Foto de Jorge Luis Herass, 1994, en un puesto de pan poblano del mercado La Acocota, en el Barrio de La Luz.

Foto de 1917 donde aparecen Doña Dolores Acevedo (sentada), tamalera poblana quien sirvió tamales a la corte de Maximiliano durante su estancia en Puebla, en 1864. A la derecha, Manuela Olarte y a la izquierda, María Luisa Prieto. Fotografía de Josaphat, archivo hemerográfico de Pablo Dueñas.

Derecha, doña Guadalupe Osorno, hija de la señora Dolores Acevedo, heredera de la tradición de los sabrosísimos tamales poblanos de chile verde, dulce, arroz, chocolate, crema, piña, durazno, fresa, rajas con queso, mole poblano, chile colorado, pipián y picadillo, que pudieron saborear altos políticos y personajes de los siglos xix y xx, entre ellos: los hermanos Serdán, el general Miguel Cabrera y Francisco I. Madero. La famosa tamalería se llamaba La Capilla y estaba ubicada en la calla de la Ventana, hoy 12 Poniente. A doña Lupe la acompaña su tía María Luisa Prieto, quienes juntas llevaron la tradición de los sabrosos tamales hasta finales de los años cuarenta. Foto y datos tomados de la revista *Estampa* 149, del 14 de abril de 1942; texto de Luis Castro. Arch. cit.

LICOR

PASITA

DE SABOR DELICIOSO

EMILIO CONTRERAS
5 ORIENTE 602 PUEBLA, PUE.

La Pasita es un típico lugar de la ciudad de Puebla. Quizá sea el último de este tipo: ¿cantina, pulquería o salón? fundó don Emilio Contreras en 1916 y ofrece al visitante un mundo surrealista de cosas y objetos recabados por él y su hijo a lo largo de siete décadas. Lo más peculiar son sus vinos, cremitas y aguardientes tradicionales: pasita, charro con espuelas, china poblana, tejocote, etcétera, tradición licorera poblana de principios de siglo xix. El fino licor llamado "pasita", la descendencia Contreras lo sirve del siguiente modo: en un "palillo" de madera se incrustan un pedazo de queso de cabra y ciruela pasa que se mete en un caballito tequilero del licor bien frío y... se toma. En la antigua cantina La Pasita se encuentran muchas agradables sorpresas. Está situada frente a la Plazuela de los Sapos: entre 6 Sur y 5 Oriente y la atienden don Emilio Contreras hijo, y el nieto Jorge del mismo apellido.

En Irapuato á 28 de Marzo de 1885 prometió este retablo á San Pascualit
Bailon q.e es S.mo de devoción D.ª Leonora Romero. Dí á salir en la Cosina le callí esa.
Prohíbele y le prendé el ropón y las tragas. Al verse en la dicha tragedia. Su nana Juanit
llegaron á llevargos al Santuario S.ᵗ Sⁿ Pascualito Bailon para q.e la Señora á ese le encuentra

Ex voto al óleo dedicado a "San Pascualito Bailón" (patrono de la cocina), con motivo de una tragedia suscitada a "Doña Leonor Romero y su nana Juanita", en marzo de 1885. Pintura de Karlos Herrera (permanece en colección particular), de 1994. Foto de Jorge Luis Herass, 1993.

"Los compas" en la pulquería, "chocándola" con sendos "camiones de a litro". Foto tomada de *Revista de Revistas* 1631, del 28 de septiembre de 1941. Foto Cascos. Archivo hemerográfico de Jesús Flores y Escalante.

El siempre bien visto almuerzo callejero de proletarios; en este caso de maestros de la cuchara y la plomada, en un rústico fogón sobre el cual se coloca el improvisado comal de vieja lámina y luego las tortillas y el resto del "itacate", que consta muchas veces de "chilito" con carne, ayocotes con yerbas de olor o el simple guiso de los "chalanes", "oficiales" y "medias cucharas", que además de sencillo es riquísimo: los "huevos a la albañil", que se elaboran con huevos revueltos a los que se les adiciona salsa de chile pasilla, cebolla, ajo, pimienta, clavos y sal. Foto tomada de *Revista de Revistas* 1580, del 1º de septiembre de 1940. Foto de Julio León y Castillejos, jr. Arch. cit.

Conjunto de pulque blanco de Contreras y jarras poblanas de vidrio verde, donde se aprecia el rojo carmín de la "tuna colorada", que al ligarse o curar el pulque, la gente conoce como "curado sangre de conejo"; enchiladas con relleno poblano, rabanitos, lechuga, ajonjolí, queso y cebolla. En el entorno, florero poblano decorado a mano de 1936, con malvones, mercadelas, helechos y hojas de geranio, todo sobre nicho colonial poblano. Foto de Jesús Flores y Escalante, 1994.

Botanas, cantinas
y otros aperitivos

Fue el puerto de Veracruz uno de los lugares donde se dice que nació la costumbre de la botana cantinera casi a mediados del siglo XIX, debido al apogeo de importaciones ultramarinas consistentes en aceite de oliva, alcaparras, aceitunas sevillanas y una excelente variedad de quesos europeos que provocaron la aparición del famoso "pan con timba", al estilo cubano, que se componía de una rebanada de queso del "Gallito", varias untadas con mermelada de guayaba y delicadas tiras de jamón serrano que se acompañaban con aquellos supremos chiles jalapeños en escabeche, verdadera gloria gastronómica de los veracruzanos, especialmente los rellenos de atún y bacalao aderezados con yerbas de olor, vinagre y aceite de oliva.

En esto tuvieron mucho que ver los sonados guateques o catazumbas jarochas, manifestaciones de esparcimiento fiestero, agasajos, celebraciones patronales, etcétera; pero antes que nada, reuniones familiares donde destacaba el baile, el canto, la bebida, el flujo de botanas, sabrosas comidas, juegos de azar y principalmente la presentación de nuevas coplas y décimas. Todas estas fiestas se realizaban en lugares donde antes estuvieron los baluartes de San Mateo, de la Concepción, San Javier, Santa Bárbara, Santiago, San José y Santa Gertrudis; más tarde dichos sitios poco a poco se fueron convirtiendo en barrios y asentamientos populares.

Después de transcurridas varias décadas, en el puerto aparecieron panaderías, fondas, cantinas, cafés y restaurantes de reconocida fama como La Sirena, La ópera, el restaurante de Oridsel Sánchez (hoy el Cochinito de Oro) donde el caldo largo y el chilpachole le hacían honor a su cocinero cubano Alfonso Chuey Malavet; eran éstos también los tiempos de la panadería Colón, donde los sabrosos mostachones y el pan francés eran verdaderas obras de arte, tanto que "todo el mundo", como parte de la religión gastronómica veracruzana pasaba a las seis de la tarde por su hogaza de pan que por costumbre ponían bajo el brazo, por lo que se le llamó "pan de sobaco". Era muy prestigiada también La Flor de Vizcaya, en la contraesquina de Terán, que lo mismo era alpargatería, miscelánea y, en su anexo, cantina de tragos del país y ultramar, pero lugar donde rifaba más el aguardiente y el Habanero-1930. Y qué decir de La Lonja Mercantil, paraíso en cosas del buen beber y el buen comer, cantina donde desde el siglo XIX y hasta 1917 permaneció un anuncio de la compañía cigarrera El Buen Tono que decía lo siguiente:

Mis gustos

Me gusta de China el thé, de España las malagueñas,
de Puerto Rico el café, de La Habana sus trigueñas,

de Jalisco tanto charro, de Alfonso XIII su trono,
y de México el cigarro congresista de El Buen Tono.

Parte fundamental de aquellas botanas cantineras fue sin duda el pan veracruzano, que servían cortado en tajadas y que los jarochos conocían como "michas", "cojinillo", "bomba", "resobado", "Bilbao", "telera" y "virote" (éste era el birote[1] que se conocía como "pan de sobaco"). En La Flor de Vizcaya, el patrón español juntaba todas las migajas o moronas del pan de dulce y el francés, separándolo en bolsas, para después darlo de "ñapa" o pilón a los niños.

Me contaba el queridísimo maestro Paco Píldora que la botana comenzó a generalizarse en el puerto de Veracruz desde 1916, a raíz de la gubernatura del general Heriberto Jara; aquellos primeros bocadillos consistían en una tortilla de maíz cortada en cuatro partes a las que se añadía un poco de picadillo y queso holandés. Durante esta época, las compañías cerveceras se hacían cargo del costo de las botanas ofrecidas a los clientes por los dueños de cantinas o salones. Entonces en todos lados la cerveza costaba 20 centavos, y en la cantina La Merced solamente 15, con derecho a una sabrosa empanada de pescado. La Flor de Vizcaya exhibía en su aparador latería importada, consistente en jamones, aceitunas, quesos, alubias con tocino y en la parte designada para cantina, sobre el mostrador ponían una cacerola llena de aceitunas con una cuchara de madera para servirse al gusto. También era muy solicitado el jamón Virginia planchado en rebanadas, que luego con una plancha caliente de fierro planchaban, cortándolo por último en cuadritos que aderezaban con un clavo de olor.

Existían muchas cantinas famosas en el primer cuadro del puerto: El León de Oro, la del Hotel Diligencias, La Perla, El Salón Babaria, La Tequilería Jalisco y La Concordia, que era cervecería. De entre todos estos lugares destacaba El Salón Arcoiris, que tenía una preciosa puerta de cristal, y un aparador de mucho lujo donde se exponía la más fina fruta de la región. A este lugar asistían catrines ingleses, alemanes, holandeses y norteamericanos para saborear las bebidas preparadas, que se mediaban con aquella famosa agua carbonatada de sifón o "agua de celtz", que se tomaba con una pajilla de arroz, puesto que todavía no existían los popotes. Entonces la bebida común era el *whiskey and soda*, que para 1925 desbancó la popularísima "Cuba libre".

Todo esto que les cuento sucedió en Veracruz entre 1894 y 1938, momento en que la culinaria, la música y la gastronomía en general se convirtieron en totalmente mexicanas, dando el puerto jarocho muchos platillos fusionados al centro del país.

Cuando se inició en el puerto la demolición de la antigua muralla construida en el siglo XVI, para la defensa contra la piratería, la población jarocha tenía ya perfectamente definidos sus gustos culinarios y musicales; desde entonces la ciudad estaba abarrotada con fondas, restaurantes cantinas y tiendas de ultramarinos. Por otro lado, el constante flujo de músicos cubanos era asombroso, tanto que un buen día, trajeron el bendito danzón para crear una corriente de fiestas y guateques donde la gastronomía mexicana tuvo gran acercamiento con la cubana.[2]

La demolición de la muralla se inició el 14 de julio de 1880, para facilitar las nuevas obras urbanísticas proyectadas por el Porfiriato. Finalmente la Casa Pearson, compañía contratada para el trabajo, culminó las obras portuarias y el malecón el 6 de marzo de 1902, organizándose magníficos banquetes donde viandas y vinos al estilo jarocho mayorearon. Era entonces gobernador de Veracruz don Teodoro Dehesa, el más culto y accesible de cuantos haya tenido este estado, ya que durante su gestión de 1892 a 1911, protegió a un gran número de pintores, cantantes, músicos y escritores. Uno de estos sonados banquetes al estilo francés y mexicano fue ofrecido en 1910 por motivo de su cumpleaños, donde acudió como todos los años la Danzonera de Severiano y Albertico, para amenizar con sus espléndidos danzones aquella fiesta en que el coñac Delapierre y la magnífica cerveza de las compañías Cuauhtémoc y Moctezuma de Orizaba, fundadas en el último tercio del siglo XIX, hicieron honor a la tradición cervecera fundada en México desde 1544 por Alfonso de Herrera.[3]

Con la degustación de otras bebidas, pero especialmente de la exquisita cerveza mexicana, en aquel día de fiesta para el señor Teodoro Dehesa, se sirvieron variados platillos de diversas minutas, uno de ellos fue el siguiente:

Menú:
Jaivas en pipián colorado.
Ensalada de palmito y yuca.
Mole de Xico.
Timba de arroz a la marinera
Pechuga al curry.
Pichones Strogoff.
Caldo largo.

De los postres:
Tamales de piña, durazno y crema.
Galletas y pasteles de masa fina.
Huevitos de almendra, cacahuate y piñón.

De las bebidas:
Cerveza, coñac, champaña
y aguas afrutadas.

Rueda la bola... Déjenla rodar

Muchos lugares hubo en la ciudad de México como El
Sylvain, reducto de la buena vida citadina, donde los ostiones al *ketchup* y los filetes "a medio tono" eran platillos
para gente seria y no de crápulas, a la manera de la cantina
Capellanes, regenteada por Diego Soto, español empecina-
do en no adaptarse a los requerimientos de los salones al
estilo Peter Gay: "Aquella Capellanes y aquel Diego, su patrón, parecían unir en la leyenda báquica los figones y las
tabernas del 'periquillo sarniento', con los 'bars' y cantinas

extranjeras de tiempos posteriores".[4] Cantina Capellanes, lugar de constantes broncas y relajos que el Tívoli Central, instalado en las calles de López, agrandaba más debido al lugar donde se encontraba y porque aún se oía en boca de sus habitantes aquella verdad o leyenda de los "encebados", quienes para poder robar a su gusto en aquella zona se desnudaban untándose luego grasa en el cuerpo y de esa manera no poder ser atrapados. Sin embargo, durante aquellos años dicha franja era ya otra cosa, incluso ya se podían encontrar grupos de músicos ciegos que por determinada cantidad interpretaban en las calles las danzas: "Te amo", de Lerdo de Tejada y "Los besos que te di", de María Fajardo, naturalmente sin faltar el vals "Sobre las olas" del insigne Juventino Rosas, pieza que únicamente por amor propio todo mundo quería escuchar, después que algún vivillo europeo la registró a su nombre. ¡Faltaba más! José Juan Tablada explica con lujo de detalles el ambiente que privaba en el famoso Tívoli Central:

> Y diré que se bailaba relajo en aquel Tívoli, pero agregaré que si los parroquianos de aquel lugar público hubieran visto bailar "Jazz" en los cabarets de ahora donde baila todo el mundo, habrían telefoneado con escándalo al patriarcal General Carballeda, entonces inspector de policía.[5]

Tronó el "cuete" de la Revolución y de pronto todo se volvió caos. Las recepciones a los grupos científicos porfirianos acallaron su algarabía en el Tívoli del Eliseo y el propio Palacio Nacional. Cocineros, comerciantes de ultramarinos, intermediarios, músicos, artistas y comensales gobiernistas de tiempo completo, como por arte de magia desaparecieron con el derroche presidencial manifestado durante las fastuosas fiestas del Centenario.

Con el desprestigio a cuestas, don Porfirio se embarcó en el Ipiranga rumbo al París de sus ensueños. Rodó la bola y entonces otros políticos y nuevos comensales vinieron a disfrutar las delicias del antiguo régimen; junto con ello vino el descorche de los coñacs y vinos olvidados por la casta porfirista. Ahora eran generales, generalotes y generalifes, quienes al desquite crearían una nueva generación de gourmets y catadores de vino, también a expensas del pueblo. Por su parte, los soldados rasos y la "indiada" del general Emiliano Zapata comerían donde Dios les diera a entender: frijoles, tortillas con chile y algún trozo de carne proporcionado por el pueblo o bien conseguido por sus valientes soldaderas. Por supuesto, había muchas fondas y lugares en los mercados, pero la soldadesca estaba impedida de pagar o adquirír nada, puesto que todo lo acaparaba el comercio organizado dejando sólo migajas para la población en general.

En las casas de colonias y barrios populares, el maíz, la manteca y la carne eran artículos de lujo; a pesar de todo, soldados y pueblo no dejaban de entonar los clásicos corridos: "si Adelita se fuera con otro...", "Yo soy rielera y tengo mi Juan...", etcétera. Así, entre coplas guerreras y encarcelamientos, el mexicano luchaba por una mejor mesa y otras perspectivas sociales y económicas. Por lo pronto, los sándwiches de la cantina de *madame* Faucon aderezados con *foie gras* trufado y los camarones al ajillo de la cantina Los Alpes, eran cosa del pasado. Sólo señorones y altos oficiales podían darse estos lujos al compás de valses románticos como "Tristes jardines", "Club verde", "Alejandra" o bien con sutiles danzas al estilo de "Estrellita" de Manuel M. Ponce; como contraste musical, las estrofas de Samuelito M. Lozano hacían cantar al pueblo con sus corridos "Los crímenes de Huerta" o "Corrido de la persecución de Villa", descriptivos y precisos durante los días de la Decena Trágica. Por su parte, "el Chacal de la Ciudadela", Victoriano Huerta, entonaba en cantinas y encerronas prostibularias "El Abandonado", que presagiaba su destierro del país.

Entre tanto, el castrense Huerta en plan de borrachera hacía coronel o general a quien le simpatizara, le regalara un queso[6] o le invitara un trago de coñac. Baltasar Dromundo en relación con el curso de aquellos días hace algunas importantes acotaciones:

Para la clase media no fue grato el desarrollo de la lucha revolucionaria. Eran aquellos tiempos muy duros. ¿Quién no recuerda los "bilimbiques" y la escasez de los medios elementales de subsistencia? Recién llegados a la Ciudad de México, formamos largas "colas" que se nos antojaban interminables allá por el año 1916.[7]

Pese a todas estas carencias, Dromundo recuerda su infancia y sus incursiones a las salas del cine mudo donde la chamacada consumía todo tipo de alimentos:

cerca y bajo la pantalla, una marimba o algún conjunto "de cuerda" ejecutaba composiciones populares. Aislado y frío un sexagenario piano desafinado suplía a los otros instrumentos en sus obligados descansos. Los asistentes iban provistos de dulces, habas tostadas, pepitas, elotes quizá y preferentemente tortas compuestas.[8]

De hecho, las crónicas de Dromundo en el aspecto histórico son excelentes aunque sus anotaciones sobre forma de vida, diversiones y comida superan el contexto general del libro, ya que se muestra diletante de la comida popular y, según percibimos, excelente comensal basado en las experiencias culinarias vividas en la cocina de su abuela, de quien cuenta verdaderas maravillas gastronómicas.

Cuando Dromundo recuerda los platillos preparados por su abuela, se concluye que éstos fueron casi los mismos de mucha gente que vivió en barrios populares y vecindades de muchos lugares del país: en grandes cuartos de viguerías altas y el espacioso recinto exclusivo para la cocina donde el brasero, enmedio o replegado sobre la pared, daba vida a la plenitud culinaria entre ollas, cazuelas, trasteros, cucharas, coladores, molinillos, trituradores, molcajetes y metates; murmuración de olores y sabores que los domingos convertían a toda la casa en pantagruélica morada por la espera de las más sorprendentes recetas gastronómicas. Uno nunca sabía qué deparaban los domingos; lo que sí no faltaba era un buen arroz a la mexicana con jitomate y papitas de Cambray, rodajas de zanahoria, chícharos, camarones y su infaltable rama de cilantro antes del hervor. Los platillos fuertes variaban y casi no se repetían durante tres o cuatro meses, gracias a la sapiencia de tías, abuelas y bisabuelas.

Dromundo, con su doctoral conocimiento gastronómico, describe el ambiente y la mesa de estos domingos como si en su narración se incluyeran las vivencias de una gran mayoría de mexicanos. Aquella cocina de su abuela es descrita con los mismos objetos y artilugios cocineriles de cualquier otra; relata el figón de seis hornillas, con mosaico de talavera, enladrillado, piso pintado en congo rojo y dos o tres armarios de tipo mexicano decorados con colores estridentes, donde los diversos objetos de barro y vidrio de colores se funden en imagen tradicional, escena a veces rota por la presencia de fina loza francesa, italiana, española o china.

En estos infaltables trasteros, por regla general, se disponían botellas de moscatel, jerez, vino blanco y Anís del Mono, que en toda cocina siempre son indispensables para el aliño de guisos, biscochería y ensaladas. De aquel famoso y delicado anís guardo gratos y a la vez infieles recuerdos, ya que donde vivía mi bisabuela Camila Rodríguez Yarce (lugar al que llamábamos "la Casa grande" debido a que era una enorme vecindad de tres pisos con cuarenta habitaciones, donde convivían distintas clases sociales, algunas de por sí pobres y otras llevadas ahí por causa de la Revolución), siempre que se presentaba la oportunidad me tomaba buenos tragos del dicho licorcillo. Un día se percataron que el nivel de la botella bajaba con frecuencia y para dar justo castigo al profanador, en lugar del delicado anís a la botella le pusieron alcohol alcanforado; cuál sería mi sorpresa al beber aquel ríspido brebaje que de inmediato vinieron los gritos desesperados, percatándose al momento mi bisabuela de quien era el transgresor. Finalmente aprendí la lección de no hurgar entre las botellas de la cocina, pero, confieso, me quedó el gusto por el susodicho licor; bebida que hoy por cierto está nuevamente en el mercado después de haber surgido en México muchas imitaciones, no de mala calidad, pero nunca iguales al original español.

Volviendo a las experiencias gastronómicas de Dromundo, insistentemente nos relata cómo en la cocina de su abuela no faltaban el chocolate de metate sopeado con biscochos de huevo, el atole de almendra o de leche, el champurrado y lo que describe como el "inolvidable rompope de la tía María", hecho con gran amor y conocimiento de sus ingredientes pero con muy poco espíritu de alcohol. Sobre los platos fuertes con mayor fruición y gran regodeo, recuerda con especial apetito

aquellos pollos en escabeche, adobados, amostazados o mechados. Y ese señorial guajolote en adobo. Los bigotes de arroz con leche. Los frijoles gordos borrachos, o los de Veracruz con chile. ¡Qué magnífico olor se esparcía por la casa los días que "de reglamento" comía "de vigilia"! ¡Desde el caldo de habas, espeso, con su color suave amarillo rociado de aceite de olivo y con uno o dos chiles verdes en el fondo![9] ¡Qué insustituible la remolacha de betabel! Y el revoltijo de romeritos que habían sido lavados con tequesquite blanco, cocidos y exprimidos, guisados en pipián de ajonjolí con papas cocidas y rebanadas, nopalitos cocidos y picados, mezclados a las tortitas de camarón. Otras veces los hacían con clemole, con chile ancho, tomates cocidos y pan tostado. Pero en todos los casos era un platillo para dioses. En ocasiones, para variar, saboreábamos las tortas de aguahutle rellenas de queso, envueltas en huevo, todo en chile colorado [...] Nosotros no necesitábamos ir a Puebla para saborear su mole tradicional. En mi casa tenían a orgullo prepararlo como allá. Y lo mismo pasaba con Petrita en el 62 de San Miguel y con Luchita López en la Cerrada de Jesús. ¡Gran cocina aquella de doña Eulalia Álvarez Espejel, "Lalita", mujer hacendosísima, forjadora de platillos suculentos, muy mexicana, abnegada y ejemplar! Lalita vivía en los altos del citado 62 de San Miguel. Mi barrio estuvo bien poblado, abrumado por amas de casa que eran primerísimas autoridades en el importante arte de la cocina de mi país.[10]

Como vemos, no sólo la excelente mano cocinera de su abuela sale a relucir en la crónica de Dromundo, por ahí de vez en cuando también se saca de la manga algunas interesantes croniquillas por él presenciadas cuando apenas era un niño. Lo asombroso de estas descripciones es que corresponden en absoluto a definidas fiestas tradicionales, música popular, hechos de la ciudad de México y muy especialmente sobre su barrio de San Miguel, entorno del que recuerda sabrosos banquetes callejeros en una taquería de modesto mobiliario, propiedad de la familia Rivas, donde resalta que por muchos años

fueron famosos sus pambacitos, sus sopes aromáticos, sus incitantes enchiladas, su dominguero mole poblano con superficie adornada de ajonjolí. Y su complicado pozole, su atole de leche, de panela y de fresa, sus tamales verdes y colorados, su champurrado que todavía me parece merecer un elogio de "corrido" con letra de Castañeda, con dibujos de Posada y con pie de imprenta de Vanegas Arroyo [...] Por ahí taqueaban, muchísimo antes de "la Especial" de Beatriz,[11] mis amigos los Garduño, el cinematógrafo Chavira, los fotógrafos Julio Gutiérrez y Agustín Jiménez el "Diablo" y los dos Cuevas, el "Silveti" López, los Pitchansky, Ramón Valdiosera, Everardo Márquez, Manuel Espejel hijo y muchísimos otros vecinos del rumbo. Comenzaba la popularidad de Lucha, "la Tabú",[12] lucida modelo en vestidos de la época, quien vivía en nuestro barrio y se casó con un político que pasó grandes apuros por recoger las naturalistas fotografías de su novia.[13]

Cuando la Decena Trágica, Baltazar Dromundo recuerda tanto el silbido de la metralla entre las azoteas como la nefasta traición al presidente Madero, agitada memoria de saqueos multitudinarios a bodegas y tiendas de ultramarinos y, sobre todas las cosas, el hambre que obligaba a casi todas las familias a tomar sólo café aguado, y pan de centeno, que comenta haber tenido por suerte, ya que otros nada comían. Sobre esta etapa describe "la panadería Las Novedades, de Bolívar, con el espléndido olor de sus 'Lolas'. Quienes padecimos hambre aquellos días, no podríamos jamás olvidar aquellas cosas".

Durante estos días era tal la carestía que la población en general se echaba a buscar tan sólo un poco de maíz, algo de azúcar o una que otra fruta podrida a precios exorbitantes. Los restaurantes, fondas y mercados permanecían cerrados. Sin embargo, algunas cantinas, centros nocturnos, prostíbulos y pulquerías seguían efectuando su trabajo, por supuesto, con la presencia tradicional de su fritanguera. Sobre esto, Dromundo nos cuenta un singular hecho:

Era la clásica pulquería fanfarrona, chillante y procaz. Por las noches un gran carro se detenía a su puerta durante algo así como media hora. Allí eran servidas en el carro, "catrinas" y "tornillos", enchiladas y sopes. Dos hombres bebían y comían para enfilar después, a la función del Teatro Apolo. Eran Victoriano Huerta y su jefe de policía, Quiroz, apodado el "Mata-Ratas".

Después, vino la calma y los lugares donde comer y beber a gusto se abrieron por todos lados. Se reabrió el abasto público de nuevos rastros y mercados. Solamente así los mexicanos pudieron volver a tener contacto con su culinaria. Entonces surgieron muchos comederos y flamantes lugares para hacer honor al gastrónomo francés Antelmo Brillant-Savarin (por lo menos quienes podían darselas de cosmopolitas), y por su parte el pueblo, distinción a la insuperable cocina mexicana, producto del amor, la paciencia y la mezcla de infinitas recetas, especias y fundamentalmente: el hermanaje de lo indio y lo español.

Grabados de José Guadalupe Posada. Bellísimas muestras acerca de cocina mexicana de principios del siglo XX. Editores: Eduardo Guerrero y Antonio Vanegas Arroyo. Archivo de Jesús Flores y Escalante.

NOTAS AL CAPÍTULO

1. A este pan se le llama virote o birote, según el lugar.
2. La llegada del danzón, la rumba, la guaracha y el son montuno provocaron el nacimiento de diversas festividades populares en Veracruz. Fiestas tradicionales como "El Danzón de Banda" y los carnavales motivaron un hermanaje entre música, baile y consumo de comidas cubanas y jarochas. Obviamente el gusto de cerveza y ron fueron de primer orden.
3. La primera fábrica de cerveza en México y América fue fundada por este conquistador siguiendo indicaciones de Hernán Cortés. Herrera solicitó a Carlos V permiso para la fabricación de esta bebida en la Nueva España: dicho favor fue otorgado el 6 de junio de 1542. Durante la Independencia existieron dos famosas fábricas de cerveza en la ciudad: la de la Pila Seca donde hoy es la Plaza Garibaldi y otra en la Candelaria de los Patos.
4. José Juan Tablada. *La feria de la vida*. Ediciones Botas, México, 1937, p. 89.
5. *Op. cit.*, p. 90.
6. Un tal Guasque, por regalarle un queso llegó a ser gran personaje. Javier Ramos Malzárraga, en sus notas al libro *Yo Victoriano Huerta* publicado en México por Editorial Contenido, en 1975, dice: "Gasque o Guasque, un perdulario de cantina de Huerta, que después llegó a ser inspector general de policía", pp. 54, 107 y 108.
7. Baltazar Dromundo. *Mi Barrio de San Miguel*. Antigua Librería de Robredo, México, 1951. pp. XXIII, XXIV y 5.
8. En el bloque correspondiente a la historia de la torta compuesta veremos como ésta supera por su fácil preparación cualquier expectativa culinaria de este tipo, incluso superando en mucho la calidad y sabor del sándwich, *op. cit.*, pp. 225-240.
9. La versión del caldo de habas poblano es igual al que describe Dromundo, sólo que en lugar de chiles verdes lleva chipotles y

nopalitos finamente picados. El toque especial se da con el rociado de aceite de olivo. Por cierto, a este aceite se le llamó en muchos lugares del país: "aceite de mesa" o "de comer".

10. *Op. cit.*, pp. 130-132.

11. La Taquería Beatriz fue fundada en 1907, en las calles de Uruguay y Bolívar. Ésta fue la primera taquería con personal femenino. Su tradición permanece hasta la fecha: cuando este lugar fue inaugurado, Dromundo tenía un año de edad, ya que nació en 1906.

12. Probablemente se refiere a Lucha Guzmán "Tabú", quien en 1931 grabó un disco a 78 rpm, con el bolero "Quiero" de Luis Arcaraz y "Señora Tentación" de Agustín Lara. La Tabú estrenó esta canción del maestro Lara, por lo que se le conoció como "Señora Tentación".

13. *Op. cit.*, p. 19.

LA TORTA Y EL TACO:

SÚMMUM DEL NACIONALISMO GASTRONÓMICO POPULAR

Acá las tortas y allá el tortero

Para la confección de una excelente torta compuesta, es necesario contar con dos elementos primordiales: primero el pan y luego los distintos condumios que habrán de componerla. Por lo que respecta al pan conocido como torta, éste tiene una historia que se remonta hasta finales del siglo XVIII, cuando algunos panaderos franceses se instalaron en la ciudad de Puebla en los barrios de San José, San Roque, el Carmen, la Luz, Analco y San Juan de Dios. En estas panaderías sus hornos vieron nacer muchos de los panes populares que después fueron conocidos en la ciudad de México, gracias a las continuas migraciones de tahoneros poblanos en busca de mejores posibilidades económicas.

Desde los últimos años del siglo XVI, la Angelópolis era ya un emporio de la harina y el pan en la Nueva España, lugar que proporcionaba a las naos y embarcaciones españolas todos los productos derivados de la molienda del trigo, en especial galletas para la navegación, a causa de sus grandes molinos y hornos panaderos, famosos en todo el continente. Con base en esto, la panadería fue uno de los renglones económicos de la ciudad. De ahí el establecimiento posterior de múltiples panaderos, biscocheros y reposteros franceses.

Cabe aclarar también que, antes de que apareciera en Puebla la famosa torta, era ya muy conocida la industria familiar de los hornos de cemitas, pan al que por cierto mucha gente reconoce como "semitas", tal vez porque la palabra se deriva del sustantivo árabe *assamid*, que quiere decir: "la flor de la harina". Francisco J. Santamaría, en su *Diccionario de Mexicanismos* publicado en 1959, propone: "**Cema** o **cemita**. f. pan hecho de acemite", término que la Academia corrobora: "**Acemita**. f. Pan que se fabrica con acemite". Por lo que respecta a la "torta", su nombre obedece a que "es una bola redonda de masa". Pan muy parecido al bolillo y a la telera, en Veracruz existe la "micha", similar a la torta poblana de origen francés.

Debido al uso de la torta como pan común, y luego de adicionarle diferentes productos, es que se le llamó "torta compuesta"; en sus inicios, las primeras tortas se aderezaron con productos de fácil preparación, como sardinas, quesos y carnes embutidas. Años más tarde, aparecieron arregladas con pavo y pierna al horno, pero ya enriquecidas con los riquísimos chipotles a la poblana, aguacate, mantequilla y rociadas con aceite de oliva y vinagre, mezcla que les da mayor riqueza y diferente sabor. Básicamente ésta es la forma convencional de preparar una torta poblana compuesta; después, el "bocadillo" acepta cualquier añadidura.

258

Sobre las confusiones (dimes y diretes) que se han dado sobre la torta compuesta, recuerdo que hace ya unos 38 años llegaron a mi casa en Puebla ciertas visitas de Durango. Todo estaba dispuesto para la comida; para esto, mi abuela Adela Yarce pidió a uno de los visitantes ir a la panadería por un peso de tortas (entonces la pieza costaba cinco centavos), a lo que de inmediato repuso el desconcertado mandadero: "Si son tortas yo quiero una de queso y una de milanesa. ¿Las de ustedes de qué las pido?"

Al instante, doña Adela aclaró que no se trataba de tortas compuestas, sino de pan cotidiano para acompañar al soberbio pipián rojo con puerco que había cocinado para agasajarlos. Y es que los poblanos —repito— conocemos el pan común con el nombre de torta. De ahí la ya muy generalizada confusión.

Ya desde años anteriores a la invasión yanqui a nuestro país, en los portales de la Plaza de Armas, se veían por todos lados aquellos peculiares puestecillos donde propios y extraños iban a saborear deliciosas nieves de flor de rosa, guanábana o durazno. Finos "mantecados" que para reforzar la gula consumidora hacían compañía a los montones de tortas (compuestas de múltiples maneras) exhibidas en típicas alacenas de hojalata y vidrio. Los locatarios no solamente mostraban a la vista del transeúnte glotón el pecadillo de las dichosas tortas, ya que también se ofrecían "guajolotes", "chanclas" y pambacitos "arreglados", que sin duda fueron inicial inspiración de las soberbias tortas compuestas. Debo decirles que las chanclas y los guajolotes eran preparados por diestros torteros con generosas tajadas de pierna de puerco, rábano, longaniza, pavo, cebolla o enchiladas, y finalmente rociadas con un baño del tradicional adobo poblano: salsa hecha con yerbas de olor y chipotle meco; con la preferencia por las tortas, los pambacitos, chanclas y guajolotes fueron decayendo en su consumo poco a poco, hasta desaparecer por completo del menú popular.

Aunque es justo aclarar que, buscando por ahí, todavía se encuentra uno con panaderías poblanas que producen este pan; tahonas como La Flor de Texmelucan y La Flor de Puebla, por ejemplo, donde mirando entre sus viejas charolas y anaqueles, de pronto saltan a la vista los sabrosísimos y casi extintos cocoles de queso, pasas y anís, aristócratas hermanos menores de los proletarios chimisclanes.

Para quien desee experimentar con la delicia gastronómica de los "pambacitos" (antecesores de la torta compuesta), en la ciudad de México, en avenida 16 de septiembre, entre el callejón de Dolores y Luis Moya, todavía se hornean estos clásicos pambazos, de los que de inmediato incluyo una de sus tradicionales fórmulas, tomada del recetario poblano de Camila Rodríguez de Yarce.[1]

Pambacitos poblanos compuestos

Se fríe longaniza desmenuzada [búsquese la de mejor calidad; recomiendo la de Toluca o la de Yecapixtla que se vende en el mercado de la Lagunilla]. Se prepara adobo al estilo poblano con chipotle meco, asado y hervido. Se le integran pimienta, clavo de olor, cominos, canela, ajo, cebolla y sal al gusto, moliéndose y sazonando todo junto. Se lavan y cortan finamente las hojitas más tiernas de una lechuga orejona. Se corta cebolla y rábanos en rodajas delgadas, lo mismo que aguacate; se rebana el pambazo sacándole todo el migajón.

Modo de servir: se pone primero la longaniza, luego las rodajas de cebolla, rábano, aguacate y la lechuga. Por último se aplica encima una buena porción de crema ácida. Ya para servirlos, se les baña con el adobo bien caliente. Se acompañan con tepache de piña o chicha de maíz y almendra bien fríos.

Por desgracia, este sabroso bocadillo, antecesor de la torta compuesta, no se encuentra ya en los improvisados y modestos fonduchos callejeros de ferias, esquinas y pórticos de los templos angelopolitanos; es muy posible que por ahí alguna fonda típica de la ciudad los ofrezca a sus comensales, pero con toda seguridad ya no han de ser aquellos pambacitos de añoranzas gastronómicas... A menos que uno los prepare en casa.

Durante la etapa comprendida entre el imperio de Maximiliano[2] y el apogeo del Porfiriato, las tortas compuestas habían alcanzado popularidad a toda prueba. Tanto que, en la ciudad de México aparecieron unas de bien ganada fama, por supuesto las preparadas por Armando:

Las "Tortas del Espíritu Santo", se les decía a las que con tanta habilidad y sabrosura confeccionaba Armando Martínez; después se les dijo, ya que tuvieron fama, sólo "Tortas de Armando". En un zaguán viejo y achaparrado estaba instalada la tiendecilla [...] El caserón a que aludo, ya reconstruido, hoy ostenta el número 38.[3]

261

Esto narraba Don Artemio de Valle Arizpe de aquel singular condumio preparado por Armando, con el accesorio de frijoles refritos, longaniza, pollo, pierna, queso, carnes horneadas, lechuga, jamón, crema, milanesa, etcétera.

Los antojos de Tablada: "Torta que te quiero"

Releyendo las asombrosas y sibaríticas peripecias gastronómicas de José Juan Tablada, tropezamos con la etapa donde narra cuando vivió durante su niñez en Puebla, lapso en que nos complace ver cómo saca a relucir generosos párrafos describiendo una gran variedad de antojitos poblanos, entre los que sobresalen las virtudes de las tortas compuestas y donde casi da la receta exacta para la preparación de los también exquisitos pambazos. Asombra su constante avidez por recordar cómo los preparaban las famosas "choles", aunque en alguna parte de su relato se advierte una clara digresión respecto de las tortas y los pambazos; veámosla:

De la calle de Herreros recuerdo algo inefable. La famosa fonda de las Choles, emporio culinario célebre en los anales de nuestra gastronomía, estaba situada en esa calle misma, frente a nuestra casa.

Tan grata vecindad hacía, que a la hora de la merienda se mandasen traer para nuestra mesa, las únicas "tortas compuestas ", especialidad de las "cordon bleu" de la Puebla. En viajes posteriores a la linda ciudad angélica traté de degustar aquellas tortas que me proporcionaron la primera emoción gastronómica, pero ya no eran las mismas [...] Ya no eran aquellos pambazos redondos, espolvoreados en su tez de harina de flor, limpios y esmerados hasta entrar por los ojos, servidos con primor monjil[4] sobre un mosaico vegetal en donde la lechuga ponía su verdor ambarino, los rábanos su granate encendido y las cebollas su blancura de cuarzo [...] Ya no eran las mismas "Choles", sino sus hijas y sus nietas y la tradición de tortas, "chalupitas" y asados de pollo había venido a menos [...]

Es una irreprochable descripción de la sencilla y modesta culinaria de una fonda poblana. Vivencias culinarias infantiles que a Tablada le marcaron un amor profundo por esta insuperable cocina. Y si por deducción situamos su niñez y estadía en Puebla, esto sucedió alrededor de 1877 o 1879, cuando apenas tenía entre seis o siete años, ya que él nació en 1871. Más de un siglo que nos hace meditar sobre la práctica, gusto y consumo popular de la torta compuesta y los pambazos de sencilla preparación, cosillas para el gusto del paladar.

Tanta fama y demanda adquirieron las tortas compuestas durante el siglo pasado que, en la Ciudad de México por estos años, hasta en los guiones del teatro de revista aparecían alusiones que las magnificaban. Así, en 1899, en el libreto de la obra *Las luces de los ángeles*, de Armando Morales Puente y Arturo Beteta,

cuya trama "alburera" se desarrollaba en la Plazuela del mismo nombre, donde cada noche se daban cita los pregoneros, parejitas amorosas y paseantes [...][5,] los personajes dialogaban:

"Nevero: ¡Volcanes de nieve por un centavooooo!"

"Dulcero: ¡dulces al alfajor de leche y mantequillaaaa!"

"Tortero: ¡Tortas compuestas de sardina y de quesooooo!"

Para tortas... las de Meche

Éste era el dicho común de muchos poblanos de los años cuarenta y cincuenta. Mi padre muy a menudo lo externaba, sobre todo cuando nos invitaba a saborear aquellas tortas. En el portal Iturbide (hoy Juárez) estaba el establecimiento pequeñito de Meche, alegrado por los olores conjuntados de los adobos con que aderezaba tortas, chanclas y guajolotes. Vestida siempre de negro, atendía la gula de los comensales con mano diestra; sus platones diversos exhibían la riqueza de la cocina popular poblana: pavo al horno, pierna adobada, chiles encurtidos, jamón, queso de puerco y tantas otras viandas exquisitas. El olor de sus aderezos incitaba hasta al más irredento sometido a rigurosa dieta. Con Meche, todo era sabor; distancia con la vigilia. En suma, el perfecto sazón de la cocina poblana.

Sus chiles chipotles adobados con piloncillo y sus rajas de cuaresmeño con cebolla y aceite de olivo eran la conjunción de la sabiduría gastronómica heredada por generaciones. Para mí, sólo los que Celia Escalante Yarce (mi madre) hacía en casa podían competir con los de la legendaria Meche.[6] Esta receta se la enseñó a mi progenitora doña Camila, mi bisabuela. Jamás volví a probar tortas tan cariñosamente hechas... Por fortuna queda todavía este local en el portal Juárez número 11, ahora atendido por su propietario don Alfonso Álvarez Corral.

Durante mi niñez y juventud en Puebla, otras tortas hubieron, pero no tan sabrosas como las de Meche. Recuerdo con agrado las del Parián: de milanesa con papas, cebolla y rajas de chiles jalapeños, cuyos aromas incitantes se dispersaban por toda la calle. Eran gigantes, más grandes de lo común. Añoro también las de la Luz y las de la 3 Poniente; éstas enamoraban a primera vista por la forma en que se disponían los diferentes productos: una cazuela de lomo en chile pasilla, otra de pierna al horno con papas sancochadas y rajas; incitaban más el apetito cazuelitas pequeñas con jamón, queso de cabra y chiles serranos en escabeche. Todo un mundo para el paladeo de una gastronomía aparentemente hecha con premura, que sólo esperaba el apachurrón del tortero, para de inmediato manducarla.

Una buena cemita, sólo en el puesto de Anita

Antes, en Puebla, casi por todas partes se encontraban las cemitas preparadas: en mercados, fondas, estanquillos, tiendas, pulquerías y en los lugares más insólitos. Pero las mejores, las más sabrosas y rebosantes en todo, siempre se encontraban en el mercado La Victoria, bellísimo edificio de dos plantas edificado al final del Porfiriato entre 1910 y 1914, construido por el ingeniero Francisco Tamaris. En el quiosco central de este mercado se encontraban múltiples puestos de cemitas, entre ellos el de Anita que era el más afamado. Ante generosos platos de chipotles y rajas en escabeche, había quesos de Texmelucan, embutidos, alteros de milanesas, tajadas de barbacoa de pierna bien seleccionadas, carnitas de puerco (en Puebla se les llamaba "sancocho"), estupenda pata de res a la vinagreta, papalo, pipicha, cerros de cebolla rebanada y, por todos lados, canastos con "cemas" redondas (grandes y chicas), romboidales y algunas que sobrepasaban los treinta centímetros de largo. Entre todos estos egregios aliños, destacaba la ambarina mantequilla y la minúscula botella con corcho de pivote que contenía la fusión excelente del aceite de olivo con vinagre de piña que, al rociar las cemitas, daba el santificado bautismo. Por último, apoyando una mano sobre la palma abierta de la otra, se aplastaba la cemita dándole el toque final para que todos los aderezos se integraran. Después... ¡La gloria!

Bebidas para acompañar a las cemitas en el dichoso mercado había desde el sencillo tepache con piloncillo hasta coloreada aguanieve de limón (al servir el agua se le adicionaban unas "bolitas" de nieve de limón), horchata, chía, melón, piña, tamarindo, fresa, naranja, zapote y tantos otros frutos de la temporada que escapan a mi memoria. Todo este prodigio culinario pregonado con aquel dejo poblano de interrogación: —¿aguanieve de limón?, ¿cemitas, güerito... Pase... De qué la va a querer?

El pan y el cariño no han de ser recalentados

Hace más o menos cuarenta años, por "la mañanita" en que todo el mundo se encontraba barriendo calles y banquetas, los panaderos pasaban con singular trote retando al frío de la madrugada cargando sobre sus cabezas grandes canastos de cemitas, tortas, chanclas, pelonas, colorados y enmielados cocoles de anís con rumbo a los mercados de la Barranca, el Parián o La Victoria. Estos rápidos canasteros traían sus productos de "la 24", la Acocota, "la 14", Analco y la Luz, donde se encontraban diversos hornos familiares entre los que era muy famoso el de "los Chiros". Los hornos que yo conocí todavía eran de leña; después fueron de petróleo.

A finales del siglo XVII, Analco era ya un barrio de panaderos afamados; para los inicios del siglo XIX, su prestigio había crecido, contando el barrio con casi sesenta tahonas familiares. Hoy, de los que quedan, está el de los hermanos Ortiz Centurión: Marco Antonio, Juan y Jorge, quienes han dedicado gran parte de su vida a la hechura de este pan; el oficio de panadero lo aprendieron de su abuelo y padre. Dicho hornito está en la 14 Poniente y uno lo ve desde que sube la rústica y empinada escalera de piedra, ya que está al fondo de la casa; aquí es donde todavía supervive uno de los contados "amasijos" tradicionales de Puebla.

Otra vez la burra al trigo, y la acaban de sacar

En todas las tahonas, cemita, torta, pambazo, pelona, colorado,[7] etcétera, se elaboran con la misma harina, sólo que de diferentes maneras. Finalmente unos panes son dorados como la torta, la cemita y la pelona, y otros blandos como la chancla y los pambazos.[8] La torta y la cemita se hacen de agua o de manteca, siendo más sabrosas las de manteca; sin embargo, son aún más deliciosas las de agua, horneadas en el piso con una regular cantidad de "cemitilla" o salvado, por lo que las vendedoras en los mercados las ofrecen como cemitas de piso; bultos de harina, levadura, manteca, agua y sal son los productos de mayor uso en las tahonas para su elaboración; batidas en cajones o artesas de madera, dichos panes toman cuerpo en las expertas manos de estos, ya casi en extinción, panaderos populares de los barrios poblanos. Al desaparecer esta tradición, nos quedaremos sólo con ese moderno bolillo o "francés", que más que pan es un incongruente masacote dorado e inflado que para el día siguiente tiene textura chiclosa y sabor a papel de estraza.

Trajo su torta bajo el brazo

Alfredo del Valle llegó a México en 1924, proveniente de su natal Pie de las Flores, Asturias; fundó de inmediato una de las cantinas más peculiares y típicas de la ciudad de Puebla: El Giroflé, que significa "el clavero". Dicho establecimiento fue inaugurado dentro del pasaje Ayunta-

El Pambazo

La torta

La Chancla

La Cemita

En la imagen, el pambazo, la torta, la chancla (mismo pan para preparar los guajolotes) y la cemita; otro pan de origen poblano para preparar estos bocadillos es la "pelona", redonda y doradita con ajonjolí en la parte superior. Las pelonas se cortan igual que la torta y se fríen; se les adiciona papa con longaniza, aguacate, lechuga, cebolla, salsa verde y jocoque (crema ácida). En el Distrito Federal, son comunes los pambazos, parecidos a las pelonas, sólo que aquéllos bañados con chile guajillo. Dibujos de Jesús Flores y Escalante.

miento en 1928 y desde que abrió sus puertas puso a la venta exquisitas tortas que, hasta la fecha, son famosas en la ciudad. Años más tarde sus propietarios fueron Ramón González y Ernesto Flores Morales, quienes a su vez heredaron el negocio a sus hijos: Ernesto, Gerardo y José Luis Flores Moreno. Hasta hace unos cuantos años, la licencia de funcionamiento para cantina les fue cancelada, y quedó sólo la tortería que la gente conoce como "las Tortas de Girofles".

Desde 1956, las tortitas de Girofle o Giroflai (como se les conoce hasta hoy) ya andaban en boca de todos por su fama y exquisitez. Las había de pollo, lomo, queso de puerco, milanesa, riñones, adobo, ternera a la vinagreta, pierna, picadillo, manchego, pisto,[9] queso crema, bacalao, salpicón,[10] paté, salmón, sardina, rajas con ejotes, tinga, pipián, chorizo, huevo, jamón cocido y crudo, pipián verde, pata, chorizo molido y chorizo ranchero, este último en lo personal siempre me ha gustado mucho. Hoy, la lista original ya no es tan surtida, pero siguen y seguirán siendo —supongo— las mismas por *vox populi, vox Dei.* Ahora ya no están en el pasaje, sino en el costado de San Pedro de la avenida 2 Oriente número 204, frente a la antigua tienda Fábricas de Francia, edificio construido a finales del siglo pasado con preciosa herrería fundida y colada en Schwarts & Meurer, Constructeurs à Paris.

Hoy como antes, las excelsas tortas de Girofles mantienen su sabor original merced a que los sucesores aprendieron bien las recetas de los condumios. Alteros de cebolla picada, ajo y jitomate, junto con el particular aroma del aceite de olivo,[11] vinagre y las diferentes especias dan lugar a olores que se confunden entre lo español y lo mestizo, igual que las emanaciones de algunas fondas y cantinas del Distrito Federal: efluvios de celestial banquete.

Sobre la riqueza culinaria de las tortas poblanas, nuestro amigo el gastrónomo y musicólogo Roberto Ayala dice:

> Me tocó ver el zócalo, el hermoso zócalo de Puebla, rodeado de torterías. Tres lados de la plaza de armas tienen sendos portales —el lado sur lo ocupa la catedral— y creo que en cada arco había una tortería [...] En una ciudad churrigueresca como la Angelópolis, lo lógico es que las tortas sean barrocas [...]

Con Robles: las tortas del cuarto poder

Ya en la ciudad de México, las tortas de Robles resultaron singulares: hechas de manera sencilla, pero no ajenas a la sabrosura de una clásica "torta compuesta". En este lugar las había de jamón, pastel de pollo, queso de puerco y quesillo de Oaxaca, o si se quería de quesillo con lo que fuera. Robles estaba entre el cruce de Balderas y Reforma, frente al Real Cinema y el Centro Cultural José Martí, en Basilio Badillo número 10.

Todavía existe el porfiriano edificio de tres pisos estilo neoclásico con sus coquetas escalerillas de madera que van hasta el sitio donde se preparan y sirven otras tortas, ahora con el nombre del Mesón de la Tortuga. El lugar conserva todavía su mosaico italiano original de paredes y pisos, complementado con hermosas yeserías y un emplomado redondo de vidrio multicolor. Independientemente de su estilo arquitectónico, el establecimiento tenía sus paredes tapizadas con fotografías de luminarias cinematográficas de distintas décadas y, por supuesto, también fotos de destacados personajes entre los que se reconocían periodistas, intelectuales y destacados políticos que alguna vez estuvieron ahí para manducarse una buena tanda de exquisitas tortas de tradicional prosapia, puesto que su fama rebasó varios lustros.

Lo peculiar de Robles[12] y sus tortas era que al servirlas los herederos siempre preguntaban al cliente la cantidad de "adobo" o chilitos verdes que les habrían de poner. Dos refrigeradores horizontales contenían todas las marcas de refrescos. Los precios en esta tortería decana fueron tal vez los más económicos de la ciudad de México, y les aseguro casi con certeza que no hubo periodista, reportero, fotógrafo, columnista o director de periódico que se preciara de serlo, que no hubiera comido en este lugar de nuestra tradición torteril.

El que pan menea, pan no desea

Cuando el hambre arrecia, todos los mexicanos acudimos sin melindres a las tortas, ya que "Con buen hambre no hay mal pan", "A falta de pan, buenas son las cemitas", "Con pan y vino se anda el camino", y porque la torta para muchos "Es el pan de cada día", sobre todo cuando hay penas, porque "Los duelos con pan son menos" y en muchos lugares la torta bien compuesta se vende "Como pan caliente". Tampoco olvide-

Gráficas de: Café Levante, aparecida en la *Revista Pluvios*, 1909, en
Orizaba, Ver. La Flor de México, del *Universal Taurino*, 1925. Taquería de Dolores, *íd.*, 1925. El Retiro, tomado de la revista *El Gladiador*,
1926. Todos estos lugares fueron abiertos durante o después de la
Revolución. Archivo hemerográfico de Jesús Flores Escalante.

CORRIDO DE LA COCINA MEXICANA

COLABORACION ESPECIAL
PARA
SUMA GASTRONOMICA

Letra de DANIEL CASTAÑEDA

Música de C. JIMENEZ MABARAK

Arriba: Crestomatía del "Corrido de la cocina mexicana", aparecido en la revista *Suma Gastronómica* de 1946. La letra correspondió a Daniel Castañeda y la música a Carlos Jiménez Mabarak.

Abajo: característico anuncio del Restaurante Chapultepec, famoso desde principios del siglo XIX; apareció durante 1925 y 1929 en la revista *México al Día*. Archivo hemerográfico de Jesús Flores y Escalante.

mos que en muchísimos de los casos la economía personal se encuentra como dice el dicho: "No está el horno para bollos" y, al fin y al cabo el mexicano es glotón de suyo, pues "En el modo de partir el pan, se conoce al que es tragón".

Bendita harina hecha pan que seguirá justificando el oficio del tortero, trabajo que el señor León Sánchez Vázquez encontró en 1936, cuando sus tortas fueron del gusto popular allá frente al cine Metropólitan, delicadeza torteril que habría de saborearse para poder decir: ¡Conozco de tortas!

Hoy día, los herederos de don León mantienen sin cambios notables aquel sazón de la buena torta compuesta, bocado tradicional al estilo de la gran ciudad de México: ¡Cordón azul a las tortas de la Texcocana!

Ya en otros lugares fuera de la capital, en los estados, las tortas locales resultan exquisitos bocadillos. Por ejemplo, las tortas ahogadas de Guadalajara, preparadas con "pan birote", carnitas, ensalada y su respectivo baño de salsa picante, según la quiera uno: regular o muy picante, resultan verdaderamente deliciosas acompañadas de un buen vaso de chicha de maíz o un frío tepache.

Y qué decir de las tortas de Toluca: son excelentes de pipián, milanesa, adobo o chorizo verde o rojo. Otras que recuerdo también muy sabrosas son las de cochinita pibil de los mercados de Mérida y Chetumal. Y ya para terminar, pregunto: ¿han paladeado ustedes las tortas de Comitán, Chiapas, que todo mundo conoce como "pan compuesto", aderezadas con carne de puerco deshebrada y salsa al gusto?... Si ha sido de este modo, les recuerdo que ¡buenas son las tortas, aunque no sólo de tortas vive el hombre!

Logotipo aparecido durante 1931, en *El Universal Taurino*. La Cucaracha fue el paraíso de la botana y los cocteles desde 1932 a 1985.

Arriba: dibujo de Cueva del Río, donde captó a la perfección la imagen de José Juan Tablada, escritor que entre su quehacer logró muchas crónicas sobre la gastronomía mexicana; apareció en *Revista de Revistas,* 1935.

Abajo: gráfica de 1935, tomada de *El Universal Taurino.*

Gráfica de la revista taurina *Estampa*, 1941. El Papagayo destacó como uno de los paraísos citadinos de las milanesas, el café con leche y los chilaquiles.

CAFE DE TACUBA

Unico en su género

Renombrada Cocina Mexicana

TACUBA No. 28

SE ACABO EL CARBON

AHORRE UD. SU DINERO

COOINANDO EN ESTUFA

"NEW PERFECTION"

LAS MAS LIMPIAS, SEGURAS

Y ECONOMICAS

MUEBLERIA NUEVA

VENTAS EN ABONOS

3a. ALVARADO 66

Gráficas: Restaurante Acapulco y Café de Tacuba tomados de *El Universal Ilustrado*, 1936. Restaurante Pigalle, Sans Souci y Morocco, aparecidos en la publicación *Suma Gastronómica*, durante 1946. El de la estufa de petróleo fue tomada de la revista *México al Día*, 1936. Por estos años eran muy raras las estufas de gas, porque solamente las personas de holgados recursos económicos podían obtenerlo.

En la forma de agarrar el taco
se conoce al que es tragón

Tacos hay de diversas maneras, sudados, dorados, estilo minero, de arriero, placero, fritos, de carnitas, de sesos, de barbacoa, de cecina, de carne asada, de chito, de cabezas de chivo, cerdo y res; de vísceras o montalayo, lengua, nana, buche, tripa gorda y delgada, machitos, hígado, riñón, corazón, etcétera; flautas, de cochinita pibil, de pancita, árabes, de sancocho, de bistec, de chicharrón, de diversos guisados, de suadero, de longaniza, al pastor, al carbón, a la plancha, de tripas de pato y pollo, de pescados tatemados, de acociles, de jumiles, de escamoles, y los más comunes entre la gente pobre y los campesinos, que suelen ser de simple sal, frijoles o bien el prosaico y denigrante "taco de chile"; denigrante debido a la infame pobreza que existe en muchos sectores sociales que sólo esto tienen como alimento cotidiano.

El taco es un alimento que se elabora bajo procedimientos sencillos: la tortilla y el aderezo, que puede ser cualquier producto alimenticio. Su origen es de auténtica extracción prehispánica y ningún estilo o forma fue inventado antes o después, simplemente se le han adicionado productos de origen externo. El taco es bendición culinaria y alimenticia para el pueblo, pese a sus detractores étnicos, intelectuales,[13] *snobs* o naturalistas que le confieren origen plebeyo y exceso de carbohidratos. Sin embargo, es un sustento gastronómico ancestral que forma parte importante en la vida de todos los mexicanos, igual que el pulque, el chile, el jitomate y los nopales. Algunos podrán negar estos productos de la tierra, pero ellos se encuentran ligados a nuestro origen, en lo profundo de nuestra genética. ¡Ser o no ser!

Para muestra, un taco basta

Respecto del taco, la *Enciclopedia de México* dice: "Tortilla de maíz enrollada que contiene un alimento ligero". ¡Falso!, ya que no existe en el mundo entero alimento o antojito más "denso", abundante y barroco que un taco mexicano. Un solo ejemplo es el taco placero, que puede contener los aliños y aderezos más exuberantes y en tal profusión, que resulta verdaderamente surrealista. Ejemplo: se dispone una tortilla o gorda de maíz azul, blanco o amarillo; se le unta un exquisito aguacate de Atlixco; a continuación se le adiciona al gusto chicharrón, barbacoa, cecina, etcétera; en seguida, cualquier tipo de chiles encurtidos, salsa roja o verde, o en su defecto rajas con limón o un simple chilito mordido, nopalitos arreglados, cebolla rebanada, queso y, por último, el toque mexicanísimo del pápalo o la pipicha. El resultado final será un excelente y bien balanceado alimento, proteínico, sustancioso y, además, manjar propio de reyes. ¡Bendita cultura del taco!

Toda taquiza tiene sus reglas

Existen algunas reglas ya bien conocidas por los glotones respecto al taco; sin embargo, proponemos las que bajo nuestra experiencia han resultado ser las más adecuadas:

1. Proceder a elaborar o a recibir el taco. Tomarlo con los dedos pulgar y meñique abajo, y el anular e índice arriba, para que no se salga el producto.
2. Realizar con el cuerpo un movimiento de 45 grados para evitar que se manche la ropa y especialmente los zapatos (si se usa corbata se recomienda insertarla entre la abertura de la camisa).
3. Tener lista una extremidad inferior para espantar a los perros.
4. Saber balancear el cuerpo perfectamente para sostener con el brazo izquierdo, ya sea el plato o la bebida (indispensable para bajar al estómago los tacos o, en su defecto, aminorar el picor de las salsas, chiles, etcétera).
5. Saber al dedillo los nombres y acotaciones de cada forma y estilo para no incurrir en contradicciones con el taquero.
6. Estar siempre pendiente de pedir los tacos que siguen para no perder el ritmo, ya que otros tragones están también al acecho, y al terminar, llevar la cuenta exacta de cuántos tacos se han consumido, ya que a la hora de pagar, los taqueros siempre elevan la cuenta o a uno se le olvida cuántos manducó.

No le pongas mucha crema a tus tacos [14]

De hecho, aunque existen diferentes variantes del taco, todas proceden de su único origen precolombino, nacido quizás en la mesa central como parte de la cultura del altiplano de México. Sin embargo, pertenecen a la culinaria de todo el país. Como muestra están en Monterrey, Chihuahua, Sonora y Tamaulipas los deliciosos tacos de carne de res, surgidos gracias a la excelente producción ganadera de estos lugares. Del occidente y el Bajío llegaron a la ciudad de México desde los años veinte, aquellos sabrosos y humeantes tacos de cabeza de res cocidos al vapor (antes les ponían en círculo del contenedor una base de masa de maíz), enriquecidos con salsa hecha de tomate verde, chile de árbol, ajo y cominos; deleitosos tacos: de trompa, molleja, paladar, cachete, maciza, lengua y ojo (estos últimos preferidos solamente por expertos tragones).[15] Otros tacos de gran tradición son los "de hebra", (barbacoa finamente desmenuzada) a los que luego de freír se los compone con ensalada de col, cebolla y jitomate, dándoseles enseguida el toque especial con la salsa de cominos y por último una paletada de espesa crema agria y una espolvoreada de queso cotija; de aquí se derivaron las famosas flautas. Y qué decir de los tacos sudados o de canasta, estilo nacido en regiones mineras del país, como Pachuca y Guanajuato, que originalmente fueron llamados "tacos de minero" o de "itacate", de los que se ofrecen de papas, frijoles refritos, pipián verde, chicharrón prensado, adobo con ternera y papas con huevo o longaniza que se aderezan con chiles encurtidos y salsa verde con aguacate; por la manera de doblar la tortilla en este tipo de taco, se define que éste no siempre habrá de ser enrollado. Otra forma son los tacos de carnitas al estilo michoacano: de oreja, trompa, nenepil, machitos, buche, nana, maciza y cuento, con su respectiva salsa.[16] Por lo que a tacos de guisados se refiere, éstos existen en la capital desde el siglo pasado, siendo los de Beatriz y los de Dolores los más antiguos, ya que dichas taquerías fueron fundadas en 1907 y 1916, respectivamente, ofreciendo al comensal un variado menú: sardina en escabeche, bacalao a la vizcaína o a la mexicana, pipián rojo, verde y amarillo; lengua a la vinagreta, pavo y pierna al horno, pata, huitlacoche, hongos, flor de calabaza y otros guisos de sabrosa elaboración como: huevo duro con arroz, huevo con salchichas, milanesa, ejotes con huevo, chile relleno, jamón con chile y jitomate y papas con rajas, estilo que últimamente consume mucho la gente en los estanquillos callejeros que se encuentran fuera de las estaciones del metro. Regularmente, junto a estos puestos, la glotonería y la necesidad popular también manducan los tacos "de comal" o fritos en sus versiones de suadero, longaniza, machitos y bistec acompañados de salsas roja y verde, rodajas de pepinos y rábanos, limón cortado, pápalo y cebollitas de Cambray. Desde mi punto de vista, estos tacos son verdaderamente deleznables, se los consume sólo a reserva de llevar mucha hambre o poco dinero; aunque habría que aclarar que hasta hace sólo unos cuantos años eran una verdadera delicia, ya que no se hacían tan grasosos ni en forma industrial como hoy, que se ofrecen cinco por dos pesos. De este mismo tipo existen los tacos de tripa gorda y delgada (llamados de cebo), con salsa de chipotle o chile de árbol, tacos casi en extinción, junto con los de hígado encebollado, que eran en verdad exquisitos.

Otra manera hoy muy socorrida es la de los tacos al pastor o árabes, que los glotones de México consumen desde finales de los años treinta, y los que con el paso del tiempo han sido desvirtuados de su origen oriental. Al principio se preparaban con delgados cortes de lomo de puerco, marinado todo en vinagre, ajo, mejorana, orégano, cebolla, tomillo y sal. Hoy sólo se les embadurna una insípida salsa de chile de árbol con un trozo de piña al final del asador, y el cliente los consume casi crudos con una salsa de chipotle sin ton ni son y otros aderezos adicionales de guacamole y "jardincito";[17] antes la salsa era confeccionada de chipotle con las mismas yerbas con que se arreglaba la carne. Similar a este modo de antojito, en Puebla y Oaxaca, se acostumbran los tacos de cecina y tasajo con salsa de chipotle a los que se les conoce como "tacos de San Miguel". En Veracruz encontramos los sabrosos taquitos de bistec de cerdo, con salsa hervida a la veracruzana, que por su delicadeza están entre los mejores del país.

Existen muchos otros tipos de tacos; sin embargo, los enumerados son los más populares. También existen otros no tan conocidos de origen prehispánico compuestos con ahuahutle, chapulines, acociles, jumiles, pepita de calabaza tostadas con sal, de gusano de maguey (rojos y blancos), charales, escamoles, quintoniles, quelites, alaches y otros gusanos e insectos como: gusano madroño, mariposa del muerto, hormiga mielera, panal de Castilla, guachichil, avispa de enebro, hormiga chicatana, gusano del jonote, padrecitos, langostas, Axayácatl, gusano del coyol y otras doscientas clasificaciones entomológicas de consumo indígena consignadas por el Códice Florentino, Orozco y Berra, Sahagún, Remí Simeón, Cecilio Robelo, Thomas Gage, Santa María, etcétera.

De la milpa al metate, y al taco de remate

Así como van las cosas, el taco pronto será conocido en muchas partes del mundo si consideramos que Estados Unidos, Canadá y muchos otros países de Latinoamérica lo consumen en cierta proporción. En Europa ya es muy conocida la "crepa de huitlacoche", derivada de la quesadilla que tampoco es quesadilla y que en todo caso corresponde a la clasificación del taco. Incluso ya en México algunos "nais" en los menús la catalogan rimbombantemente como crepa, en lugar de llamarla sencillamente orden de quesadillas o tacos de huitlacoche.

Por supuesto, el taco, debido a su sencilla preparación, poco a poco ha pasado a ser institucional, gracias a su permanencia (¿milenaria?). Esta reflexión me trae a la memoria un artículo aparecido hace ya muchos años sobre una señora que afirmaba haber patentado el taco. Hasta donde yo sé, las leyes de marcas y patentes en nuestro país protegen nombres, dichos populares y costumbres de reconocida factura autóctona, evitando su enajenación particular. Sin embargo, por ahí están y existen algunos ejemplos de lo contrario, por lo que es posible que exista dicha patente otorgada a un particular siendo propiedad del pueblo mexicano.

Casi todos los cronistas de la historia antigua se refieren a la tortilla. A raíz de la Conquista, los soldados de Cortés la probaron en todas sus formas, especialmente como taco. Durante la segunda mitad del siglo XVI, en los rústicos mesones coloniales era ya producto de consumo diario, aunque poco tiempo después comenzó a ser relegada por el criollismo español, mas no por los indios y mestizos a quienes les representaba una forma de alimentación sencilla. Durante la Independencia, el taco resurgió para aposentarse como alimento cotidiano. Humboldt, la condesa Kolonitz, la marquesa Calderón de la Barca y el mismísimo Maximiliano de Habsburgo se declararon fervientes consumidores del sabroso taco mexicano. Años después, no tuvo mayor aprecio por parte de algunos sectores burgueses, excluyéndosele incluso de las páginas del *Nuevo Cocinero Mexicano* publicado en París en 1888, por la librería Bouret. Sin embargo, como todos los hechos de una nación obedecen siempre a las modas, para 1895, la ciudad de México volvió a reinstalarlo por todos lados, quedando, nosotros creemos, para siempre, especialmente cuando Beatricita Muciño abrió en 1907 la primera taquería especializada en este ramo. Entonces mágicamente aparecieron en los más intrincados lugares tipos de tacos raros y disímbolos.

En los viejos tiempos, por regla general, toda manducación de tacos era "rociada" con aguas frescas, refrescos de caniquita (se tapaban con una canica que subía y bajaba) y el tradicional tepache helado, exhibido en tarros dispuestos sobre sendos barriles de color rojo, amarillo, verde y azul, en sus característicos estilos: oaxaqueño, poblano, jalisciense, michoacano y veracruzano, elaborados todos con cáscara de piña, piloncillo güero y, según la región, adicionados con clavo de olor, cominos, canela y naranja agria.

Notas al capítulo

1. Nunca supe fecha exacta de su nacimiento; sin embargo, poco antes de fallecer en la ciudad de Puebla en 1972, ella decía tener 114 años; recordaba muchos sucesos de la Intervención francesa y, por lo tanto, sobre el origen de estos tentempiés. La mayoría de estas recetas se encuentran en mi poder, transmitidas de generación en generación.

2. Por aquellos años, los vendedores ambulantes de fiambres y antojitos mexicanos pregonaban: "¡Prueben las tortas de sardina! ¡A las de sardina!" Y es que por su fácil elaboración y bajo precio, la gente las consumía en grandes cantidades.

3. *Calle Vieja, Calle Nueva. Op. cit.*

4. Curiosamente, Tablada, como todos los cronistas, gourmets y comensales de su época, atribuyen a las monjas cuanto platillo popular existe, y no escapan a esta leyenda los pambacitos, que por obviedad corresponden al gusto e inventiva del pueblo, precisamente por eso: ¡por lo popular!

5. Pablo Dueñas. *Las divas en el teatro de revista mexicano.* Asociación Mexicana de Estudios Fonográficos, México, 1994, pp. 155 y 156.

6. Merced Cano Peral era su nombre de pila. Nació en el Barrio de la Cruz. Desde 1941 se estableció en el portal Morelos y después en el Iturbide, hasta que el gobierno del estado hizo cambios para la celebración del centenario de la batalla del 5 de mayo.

7. El colorado es del tipo y tamaño de la pelona, sólo que recubierto de grajea roja.

8. La chancla y el pambazo son de cuerpo delicado y enharinados en su superficie.

9. El pisto es un guiso de lomo con jitomate y huevo.

10. El salpicón poblano se elabora con falda de res cocida y desmenuzada, aliñándola con vinagre, limón, aceite de olivo, sal, chiles picados (verdes o chipotles) y aguacate.

11. Por regla se dice "aceite de oliva", aunque también es correcto decir "olivo".

12. Este personaje se llamaba Alejandro Robles y fundó su legendaria tortería a finales de 1930. El lugar era visitado cotidianamente por periodistas y personal de la Secretaría de Marina, quienes hacían largas colas. A partir del 6 de julio de 1993 desapareció el establecimiento, que por cierto desde su fundación fue surtido por la panadería La Puerta del Sol, del español Antonio Vázquez. Quien entregó el pan por casi cuarenta años fue Miguel Velasco Jiménez. El edificio fue construido en 1913 por el arquitecto Arnulfo Cantú.

13. José Vasconcelos detestaba la "cultura del taco".

14. En México, esta sentencia se refiere a los poco modestos o arrogantes. También se utiliza para significar que alguna persona se da demasiado valor: ¡se da mucho taco!

15. Estos dos tipos de tacos se "arreglan", además de la salsa jaliscience, con el consabido "jardín", compuesto de cilantro, cebolla y unas gotitas de limón.

16. *Id.*

17. Al incluir a estos tacos el "jardín" de cebolla y cilantro se les perjudica. Mucha gente los consume de esta manera; sin embargo, esta modalidad los empobrece, ya que el cilantro corrompe el sabor del chipotle.

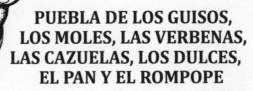

PUEBLA DE LOS GUISOS, LOS MOLES, LAS VERBENAS, LAS CAZUELAS, LOS DULCES, EL PAN Y EL ROMPOPE

El Barrio de la Luz

La ciudad de Puebla, hasta hace más o menos cuarenta y cinco años todavía conservaba muchas exquisitas tradiciones populares, pero sobre todo sitios para comer y escuchar música como Dios manda: por las calles deambulaban guitarreros, trovadores[1] y grupos de cuerdas que de pronto aparecían en fondas, restaurantes, pulquerías, cantinas y mercados. Claro que esta ciudad no era la única que mantenía dichas tradiciones; muchos otros lugares de la República llevaban una similar forma de vida. Haber nacido en el Barrio de la Luz pronto alertó mis sentidos sobre muchos sucesos notables que, entre 1585 y 1959, se dieron en una estrecha área de ocho o diez manzanas, hechos inmersos dentro de extraordinarios conceptos históricos, relativos a la hechura de nuestra cultura mestiza.

Resulta de tal importancia histórica esta zona, que se puede iniciar relatando desde cualquier punto, por ejemplo desde el Puente del Toro, lugar del que el historiador Vicente T. Mendoza cuenta: "Me consta que los titiriteros eran gente sencilla que vivían modestamente de su labor;

aún recuerdo cómo junto al Puente del Toro, en la subida de la Luz, nos entreteníamos los pequeños en ver sus muñecos colgados en perchas".[2] En esta crónica, Mendoza deja entrever que gran parte de su infancia la pasó en este barrio lleno de leyendas y sucedidos, en su tiempo comunes pero que con los años se convirtieron en tradiciones, como el caso de la Compañía de Títeres de Rosete Aranda que cada temporada llegaba procedente de Huamantla, Tlaxcala, a la Casa Grande, lugar por cierto, en donde vivía mi bisabuela Camila Rodríguez de Yarce. Esta vecindad era gigantesca y con una densa población que durante todas las fiestas cooperaba para que en su espacioso patio se realizaran grandes pachangas y comelitonas suntuosas: con moles, adobos, pipianes y conjuntos musicales de cuerda o marimbas. Aquí, durante el día, las habitaciones eran habilitadas como "factorías" de juguetes de hojalata, carpinterías, ebanisterías y en pequeños polvorines donde se elaboraban "cuetes" y papel picado que se vendían en todos los mercados poblanos. La vecindad siempre tenía desocupadas algunas habitaciones, por lo que era común ver al otro día nuevos vecinos. Por supuesto, Rosete Aranda también llegaba a este lugar con sus mágicos muñecos. Lo mismo sucedía con un grupo de adivinadoras y cartomancianas acompañadas de maridos, hijos, padres y abuelos que, en menos de lo que se cuenta, decoraban sus cuartos con floreadas cortinas, taburetes, cojines, estufa de petróleo y los necesarios utensilios de cocina con que preparaban sus raras y olorosas comidas: este grupo era una *troupe* de gitanos que por las noches, ante sus peculiares teteras, galletas, raros panes y bebidas espirituo-sas, entonaban sus melancólicas canciones.

Por su heterogénea población, la Casa Grande a eso del medio día se colmaba de gratísimos olores de toda tesitura gastronómica: pescado, carnes, moles, epazote, cilantro, arroz, longaniza, carne asada, en fin...

En el segundo piso, donde los trashumantes titiriteros de Rosete Aranda se instalaban dos veces por año, las amplísimas puertas siempre nos permitían observar de cerca el misterio de aquellas marionetas siempre en inanición completa, después de haberlas visto activas y veloces en los coloridos cuadros del "Toreo", del "15 de Septiembre", de "Doña Pascarroncita" o bien en el peligroso acto del "Circo".

Junto a la Casa Grande,[3] por las tardes, a eso de las seis o siete, en una modesta fondita o tepachería que atendía "doña Mago" a quien ayudaba su hijo, un boxeador llamado "Kid Zavaleta",[4] el vecindario y los transeúntes se detenían a manducar unas deliciosas tostadas de pata junto con un tepache, que era superior a cualquiera de la zona, despachado en poblanos tarros de vidrio con su respectivo trozo de piña. Maguito no se daba abasto para atender a la clientela; sin embargo, siempre salía bien librada a pesar de los "montones" de tortillas tostadas, ensalada de lechuga, sabrosa pata de res en vinagre marinada, orégano y aceite de oliva; coloridas rebanadas de jitomate, cebolla y rábano picado; platones de frijoles refritos con natas; chiles en vinagre y papas con longaniza que provocaban al paladar de los más renuentes en asuntos manducatorios. Casi nadie que pasara por este lugar se privaba de saborear las dichosas tostadas. Aquí va la receta.

Tostadas con un chivo de tepache

La preparación y el aderezo de aquellas tostadas consistía en que a la pata finamente picada y condimentada con sal, orégano, aceite de olivo y vinagre de piña se le adicionara lechuga orejona cortada en tirillas; después de frita la tortilla, quitándole antes la capa delgada, doña Mago le untaba una capita de frijoles refritos guisados con natas y cebolla semiquemada (algunos expertos opinan que quemar la cebolla amarga los ingredientes; sin embargo, muchos platillos poblanos se elaboran bajo este procedimiento), a lo que se le agregaba salsa verde "molcajeteada" hecha con ajo, cebolla, tomates verdes y chiles también verdes (en la ciudad de México y en otros lugares del país se usa el chile de árbol), cilantro o pipicha. Por último, para completar el mestizaje, esta sabia fritanguera ungía el antojito con un copete de jocoque (crema agria) y una sutil espolvoreada de queso añejo tipo Cotija.

Para la elaboración del tepache, la santa señora dejaba varios días en reposo con agua: cáscaras y pedazos de piña madura, a los que después adicionaba azucarosos conos de piloncillo güero; todo esto en medianos barriles de madera siempre cubiertos con húmedos paños de manta de cielo. El precio de las tostadas era de diez centavos y a "quinto" (¿se acuerdan de las josefitas?) el tarro de tepache. De tal modo que con quince "fierros" uno se daba verdaderos banquetes.

Más adelante del Torito, caminando unos cincuenta metros hacia el otro extremo del puente, en una pequeña accesoria despachaba exquisitas natillas y cremitas una anciana de vivos ojos verdes y criollas facciones, también llamada Margarita. En este lugar, según contaba mi padre, por lo menos desde 1929 se saboreaban ya estos exquisitos postres de fécula de maíz, leche, huevo y pasitas, así como deliciosos platitos de arroz con leche que en conjunto entregaban un gusto singular, debido a las partículas de cáscara de naranja que contenían.

Los postres de doña margarita

Estas sabrosísimas natillas o "manjar blanco", doña Margarita las preparaba con espumosa leche de cabra y reposando el arroz durante toda la noche que una vez ya reblandecido hervía junto con la leche, azúcar morena, yemas de huevo, vainilla de Papantla y algunas rajitas de canela. Durante el cocimiento de la mezcla tenía buen cuidado de que no se formaran grumos, paleando todo con una cuchara de madera. Ya casi al estar listo el dulce y para que tomara cuerpo y sabor, vertía una buena porción de alcohol de caña de 96 grados, dándole el punto característico del rompope. Adicionalmente decoraba sus natillas con briznas de cáscara de naranja, que bajo el procedimiento de "fruta cubierta" preparaba aparte. Esto era el colmo de la sabrosura.

Cuando ambos postres eran servidos rebosantes de uvas pasas, delgadas rajitas de cáscaras de naranja, una espolvoreadita de canela en polvo y presentados sobre vistosos platitos poblanos, cualquier comentario sobraba. Por este regalo gastronómico se pagaba sólo una "peseta" de plata.

EL CARRILLO DE LAS LOZAS

En la calle de Carrillo, en el mismo Barrio de la Luz, hasta la fecha todavía se encuentra una gran variedad de loza poblana vidriada,[5] una de las más importantes herencias hispánicas para el desarrollo de la culinaria poblana. Esta versión artesanal fue llevada a Puebla en 1585 por sus fundadores españoles. Por su antigüedad, la Luz es uno de los primeros lugares del país donde se implantó la alfarería con torno giratorio de pie, además del uso de la greta y óxidos minerales para decorar la famosa loza "negra y colorada" de Puebla, imprescindible en toda buena cocina, ya que quien se precie de conocer y cultivar de cerca la culinaria mexicana, está obligado a comprar en este lugar la extensa variedad existente de artísticos jarritos para agua y café, ollas para caldo y moles de olla, jarras para aguas frescas, para pulquerías o bien para fondas; ollas grandes y medianas para los atoles y el chileatole; cazuelas de todos los tamaños: para arroz, pipianes y las características e infaltables "moleras"[6] para el mole poblano de guajolote, que llegan a medir hasta 120 centímetros de diámetro con un estupendo grosor, y platos y cacharros que rememoran al exquisito pastillaje de Cholula y Tlatilco que hablan del sublime barroquismo poblano. Entre estos utensilios churriguerescos existían hasta hace poco unos llamados "chascos" para beber pulque, que en el cuello tenían un orificio por donde se derramaba el líquido, pero al taparles una estratégica horadación permitían el paso del contenido por medio de una cañuela que se encontraba de abajo hacia arriba. Para que esta loza se pueda adquirir[7] a satisfacción del comprador, se procede a golpearla con cierta fuerza cerrando el puño y resaltando el dedo cordial como en actitud de dar "coscorrones", hasta lograr que ésta nos entregue un sonido casi metálico. Si el golpe suena resquebrajado, la loza no sirve. Dicho ruido debe ser como un tañido casi de campana, porque:

¡Para lozas y campanas: sólo las poblanas!

Independiente a la problemática laboral de la calle de Carrillo y sus alfareros, en la actualidad el uso de los artefactos de barro se encuentra en decadencia debido a la tecnología del aluminio y el teflón, que para el preparado de una buena y auténtica comida mexicana resultan chabacanamente desagradables, aunque también este fenómeno obedece a la ausencia de una auténtica valoración cultural que ha provocado su negación, puesto que mucha gente piensa que el uso de jarros y cazuelas es apropiado sólo para mesas de "pobres o indios".

Una de las más importantes familias de alfareros de Carrillo ha sido tradicionalmente la de los Huerta, quienes siempre han producido las mejores horneadas de loza poblana, además de que regularmente encabezaron las mayordomías para organizar, reunir diezmos y llevar a cabo los festejos de Nuestra Señora de la Luz: uno o dos días antes de la fiesta de la Virgen de la Luz, las recuas cargadas de pan de San Martín Texmelucan llegaban al mesón del Ángel, en el barrio de Analco. Este pan oloroso, grande y bellamente decorado con miel de piloncillo es el que de vez en cuando todavía encontramos por ahí en muchas fiestas del centro de México: pan de fiesta, pan de burro, pan de huacal o pan de pulque; pan de fiesta porque sólo en las verbenas se encuentra; de burro, porque era traído en estos pollinos por los arrieros; de huacal porque hasta la fecha se transporta en huacales y en hojas de una planta muy olorosa, y de pulque porque en lugar de levadura se utiliza para su elaboración el popular fermento del maguey.

La música para las mañanitas de la Virgen también estaba presente desde unos cuatro días antes: banditas de viento de la Mixteca, conjuntos de cuerda de Atlixco y coros de las parroquias cercanas al Barrio de la Luz, grupos que pagaba la cofradía de alfareros de Carrillo, por cierto la más antigua de América.

En la víspera, muchas de las calles del entorno de la Luz se abarrotaban de huacales de pan de fiesta, papel picado, enramadas y larguísimas cadenas de papel de china rematadas de carrizos de verde follaje. Aunque debo decirles que dicha fiesta no sólo se colmaba con pan texmeluqueño; por todos lados había puestecitos con pan de dulce o "menudencias" de distintos y raros nombres, que se acompañaban con un jarro de atole endulzado con piloncillo, simple atole blanco o el especial champurrado hecho con chocolate de metate de Izúcar de Matamoros. En otro lado estaban las chileatoleras con sus braseros de barro y grandes ollas tapadas con un plato lleno de limones y chiles verdes, por donde salía el humillo gratísimo de este prehispánico guiso. Gritaban "¿Chileatoliii?"

Más allá, casi confundido entre las poblanas cazuelas de mole de chito, de cadera, de zancarrón y del ineludible mole de guajolote, sobresalían los canastos exuberantes de pan blanco, cemitas, pambazos, chanclas, pelonas, lizos y las doraditas tortas que eran interrumpidas en su testamentaria blancura por el agresivo rojo de los "colorados", el café ambarino de los cocoles de queso pasas, y la delicadeza de las encandiladillas, los mamones, las tostadas para gorrión, los catarinos de huevo y la sutileza apastelada de las conchas blancas, rosas y de chocolate. Panes, todos ellos, listos para engullir acompañados de café negro, atole de almendras o cacahuate y dos o tres tamales de rajas con queso, mole colorado, crema, pipián o, para no buscarle tanto, de picoso mole verde con pechuga de guajolote. Esto era en cuanto al simple pan de canasto, ya que el pan poblano tiene muchas maneras y recovecos.

Explosión de aromas, sabores, ruido de fiesta entre toritos, cohetones, camarazos y los acordes del teponaxtli y la chirimía acompañados de "Santiagos", "Moros y Cristianos", matachines, huehuenches y tlacololeros de Tepeyanco, Tlaxcala. Días de verbena y días de música incansable con décimas religiosas y profanas, donde el mundo mestizo dejaba ver todo su bagaje, aprendido a lo largo de quinientos años. Espontánea y calmada pelea anual, "para ser siempre el mejor", entre panaderos, guisanderas, fritangueras, chaluperas y grupos o cofradías de danzantes y músicos, ya indígenas, ya güeros indios de Zacapoaxtla o bien mestizos de todas partes de la sierra... Aunque por desgracia esto que les cuento lo vi, por última vez, hace ya 42 años en el legendario Barrio de la Luz, en Puebla.

Con las alegres fiestas de la Luz y las del "Santo Ángel Custodio", en el barrio de Analco, desde los diez años mi mente quedó impregnada de cosas que hoy han desaparecido totalmente. Sin embargo, no siempre es todo pérdida total; de las cosas populares siempre algo queda; tal es el caso del mito del chileatole que una vez nos contó la bisabuela Camilita.

Se le olvidó el nombre pero el meneadito no

En la calle de Carrillo, la misma de las locerías, en una de aquellas vecindades, antaño pulcramente poblanas, que a los lados del predio disponían las habitaciones en forma de "U", con espaciosos cuartos de viguerías que lo mismo sirven de aposento, salita de recepción y de cocina, nació la tradición de vender en los pórticos de iglesias y esquinas el sabroso chileatole, supuestamente propiciado por dos hermanas que llegaron a Carrillo procedentes de una ranchería de Tehuacán, donde aprendieron la elaboración de este platillo en su forma casi prehispánica. Contaba Camilita que, entre los meses de septiembre y octubre de 1860 o 1861, salieron por primera vez a vender su guiso a las puertas de la iglesia de la Luz, sirviéndolo muy caliente en cajetes de barro, puesto que su mayor venta era durante la temporada de lluvias, por lo que lo mantenían hirviendo sobre un bracero en cuyas brasas de carbón de bola[8] se asaban también algunos elotes. Del carbón hecho con cisco de carbón de pino y de encino, recuerdo que todavía hasta 1956 lo vendía don Arcadio, en la segunda calle de la Barranca, contraesquina con la de la Cruz de Piedra. Don Arcadio era un sujeto singular que vestía ropa de mezclilla, botas mineras hasta las rodillas y sombrero de ala redonda con cuatro pedradas que hacía resaltar su afilado y moreno rostro, casi cubierto por una larga y encanecida barba.

Sobre el origen del chileatole, algunos cronistas han propuesto sus propias y diferentes versiones; tal ejemplo es la narración de la profesora Castillo Varela,[9] quien propone:

El chileatole fue creado, según la tradición, por el deseo de algún galán. Se cuenta que en tiempos ya pasados había por el Barrio de la Luz dos vendedoras, una especialista en atoles y la otra en frituras. A la puerta de la iglesia se disputaban siempre a los compradores y, era sabido por todo el vecindario, que las dos estaban prendadas del mismo galán y que comprometiendo a éste para determinar su preferencia por el guiso, declaró que ninguno de los ricos bocados le gustaban por separado sino que había que mezclarlos, por lo cual decidieron unir los dos guisos, dando origen al rico y gustado chileatole.[10]

La maestra Castillo obviamente se refiere al chileatole cocinado con carne de puerco cuya variante se servía en fondas y mercados del Valle de México, mas no al platillo popular que todavía se vende en algunos lugares de la Angelópolis y que se compone de los siguientes elementos:

El chileatole de la Luz

Para diez personas, se cortan en rodajas seis elotes tiernos "Tehuacán" (así se piden en el mercado de Jamaica), lo mismo que otras cuatro mazorcas tiernas desgranadas. En agua fría se diluyen 150 gramos de masa fresca. Se hierven 4 litros de agua y cuando ya está en plena ebullición se le adiciona la masa, el maíz desgranado y los elotes cortados; junto con 7 chiles verdes, sal y unas hojitas de epazote, se muelen o deslíen 50 gramos de masa que se incorporan al agua en hervor. Para terminar, se agregan 5 ramitas de epazote, mismas que se sacan del guiso al servirse. Para que el platillo conserve su carácter popular original, recomendamos presentarlo o servirlo en cajetes de barro individuales, y en otro cacharro de las mismas características poner sal, limones cortados y queso panela desmenuzado (el queso es una opción, como lo es también la carne de puerco).

El chileatole, como todos los guisos tradicionales, ha creado con el tiempo todo tipo de versiones. Una de ellas es la que se refiere a una mujer joven que de niña abandonó Puebla para radicar en la ciudad de México. En cierta ocasión en que visitando a su familia pasó frente a las puertas de la iglesia de la Luz, al ver la olla de chileatole, sorprendida preguntó en forma despectiva a su madre: "Mamá, ¿qué venden en esa ollota?" De inmediato la señora contestó: "Chileatole, hija, ¿qué ya no te acuerdas?" Ambas pidieron un plato y mientras éste se enfriaba, la madre notó que la hija meneaba insistentemente el cajete, por lo que le inquirió burlonamente: "¡Hija, se te olvidó el nombre, pero no el meneadito!" Esto en razón de que el poblano de cepa jamás olvida que el meneado del cajete es parte del rito chileatolero.

Por lo que respecta al origen, nacimiento, forma o vigencia de este guiso, es bien claro que ningún suceso gastronómico aparece en escena por generación espontánea, mucho menos tratándose de un platillo donde los ingredientes denuncian un origen eminentemente prehispánico, como el caso del tradicional chileatole.

Para terminar, como antecedente tomado del libro del profesor Vicente T. Mendoza[11] incluimos una de las recetas o versiones más apegadas a la realidad del chileatole poblano:

> Las guías de la calabaza se muelen tanto como flor, se agrega chile poblano, atole de masa, chile molido, grano de elote o bien éste rebanado, y se le pone una rama de epazote [...] se toma como cualquier atole, sin pan ni tortilla; se acostumbra en las tardes lluviosas.

Al caramelo y al asunto, darles su punto

Es sorprendente ver cómo la historia popular poblana ha sabido involucrar lo religioso con lo cotidiano. De esta manera la repostería, los dulces y muchos platillos de la gastronomía angelopolitana se han adjudicado a la labor monacal en un intento de reafirmar el origen mítico-religioso de muchas tradiciones de la ciudad. Sin embargo, aunque bellas y muy apropiadas para el arraigo eclesiástico de la Colonia y el virreinato, dichas leyendas son sólo eso, mitos o fábulas creadas ante el olor a incienso y cera de los recintos eclesiásticos, ya que —insisto— nada nace por generación espontánea, mucho menos la culinaria popular.

Y para no romper de plano con el virtuosismo de estas historias, en esta misma tesitura y en términos monacales, hablaremos de la exquisita dulcería poblana: de los camotes, se dice, por ejemplo, que fueron creados por una monja de Santa Clara, quien los hacía para su padre, que se encontraba lejos de la ciudad. Decorados con subterfugios churriguerescos casi al estilo del dulce de alfeñique, en distintos colores y sabores, les daba la preciosa envoltura con papel de china acomodándolos suavemente en una cajita de cartón. Don Artemio de Valle Arizpe, con su siempre retozón estilo literario, da el trasunto de la historia desglosando el nombre civil y el adoptado en la vida monacal de la profesa. Dice que ésta se llamó María Josefa Pareja Abarca y, más tarde, al tomar los hábitos adoptó el nombre de Sor Josefa de San Agustín: "Cierto día enviaron a las monjas de Santa Clara una gran canasta con camotes, para que con ellos diesen buen sabor a su puchero. Los vio Sor Josefa de San Agustín y al punto los reconoció como los muy buenos de Apaseo",[12] por lo que después de diversos pasos culinarios se acordó que "solía hacer a su padre una cajeta almibarada de ese camote blanco, ya con piña, ya con naranja o coco" y tras muchas labores y experimentaciones logró los famosos camotes que las demás monjas vieron como "arte y exquisitez de Sor Josefa, y cuando probaron los camotes quedáronse llenas de embeleso". Después, este culinario arte monjil se convirtió en la floreciente industria[13] camotera poblana.[14]

De tanto mirar la miel, se rompe la hiel

Tantas formas, distintas maneras, arcoiris de colores, múltiples aromas y texturas definen la dulcería poblana, que de la madura fruta, los azúcares y las mieles naturales, por arte de magia se convierten en suspiros de monja, gaznates, tortitas de piñón, polvorones de cacahuate y almendra, frutas cristalizadas, jamoncillos, macarrones, camotes, filigranas de alfeñique, pepitorias, cocadas, trompadas, muéganos y tantos otros dulces, todos para el regodeo final después de los platillos muy elaborados, o bien sólo para calmar la continua glotonería.

De los sabrosos muéganos y azucarillos de colores, de Analco y el barrio de la Cruz, solamente recuerdos quedan; por las tardes, los pregoneros recorrían las calles de la ciudad con sus cantos y rimas gritando: "Muéeeeeeganos de miel y de guevó!"

Por cierto, uno de estos pregoneros y creadores de versos fue, en su juventud, Samuelito M. Lozano, quien con su tablita adornada de papel de China, su vela de cebo envuelta en papel de estraza (para que dilatara encendida) y su sostén de tijera (para poner a buen recaudo la charola), vendía rápidamente el producto o bien se jugaba toda la mercancía a la suerte de los volados. Así, se le veía echando a vuelo sus pregones, pequeños ensayos literarios para después escribir a carta cabal sus famosos corridos.

De esta manera, en aquella zona entre la Academia de Bellas Artes de Arrieta, Ajuna, Xochitiotzín y tantos otros artistas plásticos populares, y la bóveda de la iglesia de la Compañía, donde está enterrada Catarina de San Juan "la

China Poblana", hasta la casa del Deán, San José, el Alto y el Barrio de la Luz, aprendí muy temprano a reconocer los olores del buen mole y los artilugios culinarios de los chiles en nogada, que a cada rato veía y saboreaba por el olfato en las "zaguaneras" cazuelas y platones de las fondas de doña Estercita, doña Paz Luján o la de mi tía política doña Matildita, quien gracias a su sapiencia culinaria fue respetada mayorala de famosas fondas y restaurantes poblanos.

Estos olores de comida callejera me eran muy particulares, sobre todo cuando en la Casa Grande se disponían las fiesteras cazuelas para el mole, los botes para los regios tamales de dulce, de chile, de manteca y de frijol con yerba santa o epazote; los pulques curados, el pan de don Tobías de la panadería La Paz, el arroz de regocijo, el pipián verde y el colorado, o bien la llegada de los días 28 de agosto de cada año, marcados en el calendario para manducar los chiles en nogada cubiertos con la deliciosa salsa de nuez, además de granada y perejil. Los chiles debían estar bien capeados, porque este platillo de otra manera no es auténtico, ya que por siglos la cocina poblana ha dependido de este santo recubrimiento para todo buen chile relleno.

EL RECETARIO DE CAMILA RODRÍGUEZ YARCE

Retomado por mi abuela Adela Yarce, y más tarde por mi madre Celia Escalante Yarce, este viejo recetario escrito, anotado y reanotado, con enmiendas antañonas y toda índole de manchas, contiene los secretos gastronómicos de la familia Rodríguez-Yarce-Escalante (desde la época en que mi bisabuelo don Pascual Yarce era administrador de la Hacienda de Atotonilco, en Puebla, cuando era propiedad de la familia Oropeza), hasta el momento en que Camilita emigró a la ciudad de Puebla para instalarse en la Casa Grande, después de que al bisabuelo los carrancistas le dieron tres balazos y lo enterraron vivo, logrando salir de aquella improvisada sepultura taponeándose las heridas con su paliacate para lograr llegar, con ayuda de algunos peones, hasta el Hospital de San Pedro, donde a poco murió.

Ya en la Casa Grande (aquella añorada vecindad), donde pude mirar con asombro como en los antiguos trasteros de madera, entre modestos jarros, platos y "pocillos" de peltre azul y blanco, sobresalían los hermosos decorados de tacitas y platos de porcelana japonesa, dos vasos de cristal cortado de Bohemia, varias charolas y platones de alpaca y plata, y cual mudos espectadores, cuatro jarras francesas con rostros femeninos y otra con cara de bufón (la que guardo con celoso agrado). En fin, diversos objetos que representaban el cambio que Camilita había experimentado junto con sus hijas Rosa y Adela, por los azares de la Revolución.

De aquel glosario cocineril de Camilita que contiene entre sus páginas asombrosas alquimias gastronómicas, con fechas anotadas desde la segunda mitad del siglo XIX hasta los años cincuenta del siglo XX, recordemos algunas exquisitas recetas con el sabor y el sazón poblano:

El mole de guajolote

Ingredientes: Medio kilo de costillita de puerco. Un guajolote previamente alimentado con maíz prieto, nuez de Castilla y avellanas durante 10 días. 250 g de chile mulato. 250 g de chile pasilla. 300 g de chile ancho. Cinco chipotles morito. 250 g de ajonjolí. 250 g de avellanas. 150 g de piñón. 250 g de almendras. Dos jitomates bola. Una cebolla grande. 6 dientes de ajo. 6 pimientas gordas. 6 clavos de olor. 5 g de anís. 2 tortillas. Una telera. Una cuarta parte de tortilla quemada. Medio piloncillo güero. Dos tabletas de chocolate amargo. 100 g de cacahuate. 30 g de pepita pelada. 150 g de uvas pasas. 10 g de canela delgada. Un plátano macho. Medio kilo de manteca de cerdo.

Preparacion: Tendrás primero que cocer el guajolote con cebolla y ajo; aparte se hace lo mismo con la carne de puerco. Todos los chiles se cortan con tijeras y se desvenan, luego se asan y fríen junto con la cuarta parte de las venas. El pan, tortillas, ajonjolí, avellanas, piñón, pepitas, cacahuate, ajo, cebolla, plátano, pasas y jitomate se fríen también. Después se muele todo junto en el metate o se lleva al molino. Todo debe freírse en manteca con un poco de sal de grano. Cuando ya está lista la pasta se desmenuza con un poco de caldo tibio del guajolote, por último deberás freír la pasta y agregarle poco a poco de los dos caldos, meneando constantemente para que no se pegue. El tiempo de cocimiento depende de la lumbre, pero es preferible mantenerlo en el fuego hasta dos horas.

Modo de servirlo: En el plato tendrías que poner las piezas de guajolote y puerco bailándolos a discreción. Se le pone encima ajonjolí delicadamente tostado y por último dos hojas de lechuga orejona y dos o tres rábanos floreados como adorno, con aliño de aceite de oliva, sal y unas gotas de limón. Se acompaña con pulque blanco o curado. En chiquihuites bajos se dispone la torta o el bolillo, los aguacates y las tortillas.

Escabeche de chipotles poblanos

Ingredientes: 1 cuarto de kilo de chipotle morita. 2 cebollas grandes cortadas en rebanadas anchas. 8 o 10 cabezas de ajo de diente grande. Medio cuarto de aceite de comer (de oliva), sal, tomillo, orégano, mejorana y laurel secos, a discreción. 2 piloncillos güeros. Un cuarto de vinagre de piña o de manzana (también de alcohol) y agua según pida la cocción.

Preparación: Junto con el vinagre y el agua se hierve todo junto; los chipotles se pican antes con una aguja de canevá y a los 20 minutos de cocimiento se incorpora el aceite de comer (de olivo). El cocimiento dura a fuego lento hasta 4 horas; si se retira antes, los chiles quedan recios. Al estar listos y fríos se sirven para acompañar cualquier comida fuerte o delicada, ya que el escabeche queda en almíbar.

Guaxmolli o huaxmole

Ingredientes: 1 kilo de barbacoa de zancarrón, o espinazo de puerco o chamberete de res. Medio kilo de jitomate guajito. 10 chiles serranos secos. Un cuarto de cebolla grande.

1 diente de ajo grande, 2 manojitos de "guaje". 1 rama de cilantro, sal y manteca.

Preparación: La carne que se escoja se hierve con cebolla y sal. Se tuestan y hierven los chiles y los jitomates. Se desgranan las vainas del guaje y se muelen crudos junto con el recaudo, caldo y sal. Por último, tendrás que freír todo incorporando el consomé y la rama de cilantro. El guiso es fuerte, pero exquisito, por lo que si deseas una sazón menos agresiva deberás disminuir la cantidad de guajes. Queda y se sirve como mole de olla, agregándosele unas gotas de limón al servirlo. Una variante es desmenuzar tortillas calientes sobre el caldo. Queda exquisito.

Rajas de jalapeño en aceite de olivo

A medio kilo de rajas de chile jalapeño y 3 cebollas rebanadas les agregas sal. Calientas cuarto y medio de aceite de oliva y viertes el recaudo. A fuego lento tendrás que mantener las rajas en cocimiento durante 20 minutos. No existe picor y sabor más delicado que el de estas rajas, que acompañan cualquier platillo, pan, carne o pescado. Para que tomen mejor cuerpo, las rajas deberán ser cubiertas con el aceite de olivo al servirlas. Experiméntalo.

Etlatlapas (frijol quebrado) con patitas de chivo

Ingredientes: Medio kilo de frijol "amarillo". Cebolla, sal y 10 patitas de chivo.

Preparación: En el molcajete se quiebra el frijol con el tejolote (la bola) y luego se hierve con tequesquite blanco; al soltar el hervor sube la cáscara que tendrás que recoger con una cuchara grande. Cuando ya se coció el frijol quebrado, se fríe con manteca y cebolla y se le incorpora agua. Las patas de chivo se chichinan (tuestan o tateman) para quitar todo el pelo; una vez limpias se cortan y se hierven con pimienta, clavo de olor y un poco de vinagre. Ya casi para servir se incorpora la pata a las etlatlapas y se come con tortillas calientes y chiles encurtidos.

Chiles en nogada

Se cocinan en agosto, el día 28 de San Agustín

Ingredientes: 20 chiles poblanos. 10 huevos. Medio kilo de carne picada de res y otro tanto de puerco. Un cuarto de manzana. Un cuarto de peritas y otro de duraznos criollos. 100 g de pasitas. 6 dientes de ajo. 1 cebolla. Medio plátano macho. 50 g de biznaga en dulce cubierto (sustituye al acitrón). 50 g de almendras. 2 granadas muy rojas. 1 rama de perejil. 100 nueces de Castilla. Un cuarto de crema agria. Un cuarto de queso crema. 5 g de canela. Un cuarto de vaso chico de jerez. Un cuarto de leche de vaca.

Preparación: Se tuestan los chiles y se meten en una servilleta para que suden y se puedan pelar, desvenar y lavar perfectamente no quitándoles el rabo. Toda la fruta, la cebolla, el ajo, las pasas, la biznaga y las almendras se pican en cuadritos regulares para que al freír no se batan con el picadillo de

311

carne. Se le agrega sal y azúcar al gusto para que la mezcla quede delicadamente agridulce. Las nueces perfectamente peladas y reposadas en agua con un poco de sal durante algunas horas, se muelen junto con el queso, la crema, el jerez, la leche, un poco de azúcar y sal al gusto; la mezcla debe quedar espesa. Los chiles se rellenan y se capean cuidando que queden con buen cuerpo y muy esponjaditos, por lo que tendrás que capearlos casi al momento de servirlos.

Modo de servirlos: En un plato ancho dispones un par de chiles bañándolos con la nogada; enseguida adornas con granitos suficientes de granada y ramitas de perejil, que en conjunto te darán la impresión de estar mirando los tres colores del pabellón nacional en su festejo, que se dice es para lo que fueron hechos y también para satisfacer al santo de don Agustín de Iturbide. Rocíalos (interprétese por servir) con pulque curado de tuna colorada o de almendra o fresa. Para los paladares no acostumbrados al pulque, podrías servirles vinos rojos y secos.

Rajas con leche

Ingredientes: 1 kilo de chile poblano. 1 kilo de costillas y medio de lomo de puerco. Cebolla y media. Epazote. 1 cuarto de chícharos. Sal. 1 litro de leche de vaca.

Preparación: Se tuestan los chiles y luego se sudan en una servilleta para lavarlos y cortarlos en rajas regulares que se fríen junto con la cebolla finamente rebanada. Una vez cocido el caldo de puerco con cebolla y sal se agrega el recaudo junto con la carne. Casi al estar soltando el primer hervor tendrías que adicionar la rama de epazote y la leche. Este guiso no tiene par y puedes variarlo prescindiendo de la leche, poniéndole sólo caldo y tiras regulares de queso de cabra. A este último guiso se le conoce como "Rajas de septiembre", y resultan adecuadas para el tiempo de lluvias. Tendrás que servirlo con tortillas.

Calabacitas con queso y pipicha

Ingredientes: 1 kilo de calabacitas tiernas redondas o largas. 6 elotes tiernos. 1 queso de cabra de San Martín o Chalco (se sustituye por queso panela o burgos. No se use tipo asadero). Medio jitomate. 1 cebolla. 2 dientes de ajo. 5 chiles verdes. Unas ramitas de pipicha. 100 g de mantequilla.

Preparación: Picas todo el recaudo y lo fríes con la mantequilla. Antes tendrás que cocer los granos de elote. Al cocimiento, las calabacitas sueltan su propio jugo siendo el momento de agregarle la pipicha y el queso rebanado. Mantenlo a fuego lento por 20 minutos y después sírvelo acompañado de tortillas calientitas. Es otro guiso de verdadera delicadeza.

Salpicón poblano

A medio kilo de falda de puerco hervida y deshebrada, le agregas cebolla picadita, vinagre, sal y azúcar al gusto, alcaparras, unas gotas de limón, aceitunas, aceite de oliva, chipotles adobados y aguacate. Se sirve frío y podrías ofrecerlo con tortillas, pan o solo (una opción moderna sería ofrecerlo con galletas saladas en forma de botana).

¡Este arroz ya se coció!

Dibujo del maestro Desiderio Hernández Xochitiotzin, tomado del libro *Estampas de mi tierra*, de la *Revista Mignon*. Puebla, 1949. Vista de la iglesia de la Luz, en la bajada hacia el Puente del Torito (hoy avenida 2 Oriente).

Notas al capítulo

1. Uno de estos juglares del pueblo era el legendario Samuel Margarito Lozano, "Padre del corrido de la revolución", quien con su guitarra interpretaba todos sus corridos, al mismo tiempo que ofrecía al público por la cantidad de veinte centavos aquellas preciosas hojas de papel gráfico en colores, donde estaban impresas sus coplas y cuartetas. Por cosas del destino, su familia me entregó la mayor parte de su estupenda obra. Consultar: disco AMEF-10, *Samuel M. Lozano, padre del corrido mexicano*, producido en 1989 por la Asociación Mexicana de Estudios Fonográficos. A. C.

2. Desde la segunda mitad del siglo pasado, a Rosete Aranda, con sus marionetas hechas, decoradas y vestidas por la familia procedente de Huamantla, Tlaxcala, hasta finales de los años cincuenta se le veía en ferias, fiestas patronales y especialmente en mercados públicos.

3. Esta vecindad es una construcción del siglo XVI, modificada con el paso de los años. Durante el siglo XVIII, sirvió como criadero de cerdos por lo que hasta 1960 se le conoció como "El Chiquero". En la etapa de la Intervención francesa, fue habilitada por los invasores como hospital y caballeriza. Al retirarse los franceses, comenzó a fungir como "cuartería" hasta 1965, aproximadamente, año en que el edificio colonial fue desalojado para proceder a su restauración. De este lugar se contaban cosas de espantos, ruidos de voces y cadenas, aparecidos, tesoros ocultos y otros cuentos transmitidos oralmente por generaciones.

4. Probablemente este boxeador sea "Ray" o "Kid Zavaleta", quien peleó en 1954 contra "Kid Azteca".

5. Desde hace ya unos cuatro años aquellos "alfares tradicionales" están siendo erradicados criminalmente del Barrio de la Luz; hoy quedan sólo tres o cuatro lugares donde adquirir esta loza;

los hornos y lugares de trabajo han desaparecido. Desde aquí hacemos un llamado al Consejo Nacional para la Cultura y las Artes, al Instituto Nacional de Antropología e Historia y a todos los poblanos, para evitar este desacato contra la cultura popular de México. Por otro lado, el vidriado en la loza de barro es una aportación española; en cambio, el estilo de estas ancestrales artesanías responde más a la tradición del pastillaje preclásico de Cholula y Tlatilco.

6. A estas cazuelas moleras se les llama "poblanas". Poblanas también se les decía a las bacinicas de talavera y a las fabricadas con barro en la Luz.

7. En el momento de elaborar las fichas correspondientes sobre la alfarería de la Luz (hace 10 años), los lanzamientos a los alfareros aún no eran una realidad, por lo que existía manera de escoger; hoy al "Carrillo de las Lozas" probablemente sólo le queden unos cuantos meses de vida, por lo que pronto sus productos serán únicamente piezas de museo.

8. El cisco es un residuo o polvillo del carbón; el carbón de bola se fabricaba con estos excedentes revueltos con lodo o arcilla, que en el siguiente paso se ponía dentro de un barril, al que se le hacía girar para formar las pelotas. Dicho carbón de bola era de menor precio que el convencional y era más duradero.

9. Eloísa Castillo Varela. *Puebla Colonial, Artística y Heroica*, SEP, México, 1952.

10. Es curioso que una cronista poblana se refiera al chileatole con "frituras" o carne de puerco, puesto que en la Angelópolis esta variante es totalmente desconocida. *Op. cit.*, p. 48.

11. "Chileatole", Mendoza, *op. cit.*, p. 452.

12. De hecho, el camote no se cultiva en el estado de Puebla, en Pachuca, Michoacán y Guanajuato. Etimología: *camotli*, tubérculo; llamado: *Idumoea batatas*.

13. Durante 1956 tuve oportunidad de visitar estas fabriquitas de camotes cuando se encontraban frente a la iglesia de San

Francisco, esquina con los lavaderos del mismo nombre. Los hijos de los dueños, pertenecientes a las familias Torija y Bouchá, fueron mis condiscípulos.

14. Artemio de Valle Arizpe. *Sala de tapices*. Editorial Patria, México, 1947.

Glosario de términos

A

Acocil. Pequeño camarón de agua dulce. Etimología: *cuitzilli,* el que se retuerce dentro del agua. A la gente blanca y colorada se le dice: "pareces acocil".

Agachado. Se aplica a quienes comen en mesas bajas de los mercados teniendo que agacharse. En forma despectiva se dice del que es lacayuno y lambiscón.

Amargo. Cierta infusión de yerbas con aguardiente, buena para los enojos y los sustos.

Anona. f. Fruto carnoso y delicado parecido a la guanábana.

Arrancado. El que no tiene nada o el que perdió sus bienes.

B

Barbacoa. f. Cocimiento de carnes dentro de un hoyo caliente que se cubre con pencas de maguey, petates y tierra.

Bestec. m. Barbarismo por bistec.

Birote. m. Pan francés largo. Ver: **virote**.

Borona. f. Ver: **morona**.

C

Cacho. Parte o pedazo de algo.

Café negro. Se dice del café muy cargado. En Colombia se le dice "tintico".

Canelas. Té de canela con aguardiente.

Cecina. f. Lonja o tasajo de carne de res o puerco aliñada con sal y limón y oreada al sol. Existe enchilada, también.

Cilantro. m. Planta umbelífera también llamada culantro. Es aromática, vermífuga y deliciosa para muchos guisos mexicanos.

Cilindrero. m. El que toca el organillo o cilindro. Despectivo: "Qui'ubo chango cilindrero".

Cocherada. Palabra soez propia de los antiguos cocheros.

Compa. Apócope de compañero. Amigo, cuate.

Currutaco(a). m. y f. Personaje vigente durante la Independencia que se caracterizaba por su vestimenta y actitudes. Éste dio pauta durante el Porfiriato a los dandys, fifís y lagartijos.

CH

Chancla. Zapato viejo. Derivado(s): chancluda, chancletear.

Chico-zapote. Sapotácea de donde se extrae el chicle. Etimología: *xicotli tzápotli,* zapote de abeja o zapote dulce.

Chimolera. f. La que vende los chi-mollis. Persona chismosa.

Chinguirito. m. Aguardiente de caña. Otros tipos de chiringuito contenían pulque o tepache de piña. Bebida del pueblo hasta principios del siglo xx.

Chito. m. Carne de chivo, res o burro secada al sol o frita. Despectivo: "pareces chitero".

Chueco. m. Persona de mala calaña, traicionero. Estar chueco algo o alguien es estar contrahecho, y significa también estar fuera de la ley. Derivado(s): "chocolate", que no es derecho.

E

Enchiladas. f. Tortillas enrolladas también conocidas como "envueltos", cubiertas de mole o de cualquier otra salsa.

Enchipiturcado. m. El que usa abrigos o chipiturcos: ropa vieja y usada.

F

Franchutes. Se aplicó a los franceses durante la Intervención francesa, a quienes también se les decía "gabachos".

G

Gachupín(a). m. y f. Español. Despectivo. El español en América. Etimología: *cactli*, zapato y *tzopini*, cosa espinosa.

Gordas. pl. Se dice de las tortillas recién hechas. Se refiere también a las mujeres. En términos familiares se dice: gordito(a), gordis, etcétera.

Guacamole. Salsa hecha con aguacate. Otra forma es *Aguacamollí*.

Guachinanga(o). m. y f. Se dice de la gente arribeña o de la mesa central. Al principio se decía de los españoles que tenían los cachetes colorados como el pescado "guachinango".

Guaje. m. Planta mexicana cucurbitácea de la cual se utiliza sólo las vainas o guaxes. Etimología: *huaxin,* guaje. Con los granos de esta planta se hacen salsas y guisos como el huaxmole: de *huaxo-molli,* mole de guajes.

Guajolote. m. Gallinácea americana de gran sabrosura y ricas carnes, propia para el mole de guajolote o mole poblano.

Güiri-güiri. Rumor, plática.

M

Machitos. m. Tripa delgada de res trenzada y hervida, que con salsa y otros productos conforma parte de la cultura mexicana del taco. Diminutivo plural de macho.

Mamey. m. *Pouteria sapota. Calocarpum sapota.* Fruto tropical de color rojo anaranjado y exquisito sabor.

Molcajete. m. Mortero de piedra volcánica de origen prehispánico propio para las salsas, que se muelen con el *tejolote* o mano. Los mejores se fabrican en Salvador el Seco, estado de Puebla. Derivado(s): molcajetear, molcajetero.

Montalayo. m. La parte correspondiente a las vísceras de un animal. Como guiso, de éste se derivan la pancita, el menudo, el mondongo y la chanfaína.

Morona. f. Residuos del pan de dulce o biscochos.

Morucha. f. De origen moro. Morena.

Ñ

Ñapa. Lo que se da de más. Pilón. Regalo sin valor.

O

Otate. m. Carrizo fuerte muy utilizado en México para bastones, palos de escoba y tendidos para la barbacoa, camas y chinampas. Etimología: *otatli,* caña recia.

P

Papa. f. Tubérculo solanáceo también llamado patata, originario de América y especialmente del Perú. Se utiliza mucho en los platillos mexicanos. En forma coloquial hace referencia a toda la comida. Ser una "papa enterrada" es ser tonto de remate. A los habladores y pretenciosos se les dice: "deja de estar echando tantas papas".

Parián. Mercado popular. Durante el siglo XVI, surgió en Manila un mercado con este nombre, y de ahí gracias a los viajes de la Nao de China o Galeón de Filipinas, se instituyeron en toda la Nueva España.

Patones. m. Se dice de los estadounidenses.

Pilón. m. Lo que se da de más. Regalo para los niños y los mayores en tiendas y mercados.

Piltoncle. m. Corrupción de *piltontle,* muchacho pequeño. Etimología: *pilli,* niño y *tontli,* desinencia o diminutivo de chico.

Pipián. Guiso mexicano de origen prehispánico, de color verde, hecho con pepita de calabaza. chile y ciertas yerbas olorosas. Existe otra variante, de color rojo, que se hace con ajonjolí.

Pipirín. Voz que indica comer o vamos a comer: "Está listo el pipirín".

Piquete. Porción de aguardiente, ron o brandy que se le adiciona al té o al café.

Poblanas. f. Mujeres de Puebla. Cazuelas de barro para el mole de guajolote. Bacinicas de talavera o de barro del Barrio de la Luz. Paremiología: "Todos somos del mismo barro, pero no es lo mismo bacín que jarro".

Pocillo. m. Recipiente o utensilio de barro o metal para tomar líquidos.

Q

Quesadilla. f. Tortilla doblada a la mitad, o bien, hecha y doblada cuando se está torteando, a la que se le adiciona todo tipo de alimentos.

R

Rascatripas. m. Músico: existe en México esta designación en virtud de que en algún tiempo algunos instrumentos de cuerda utilizaban encordaduras de tripa de gato.

S

Salsas. f. Mezclas de ciertos productos alimenticios que en México comúnmente se elaboran con tomate verde, jitomate y chile.

San Lunes. Desde hace tres siglos aproximadamente, los artesanos o quienes desarrollan algún oficio se toman "a chaleco" el día lunes para descansar en forma forzada para el patrón.

T

Tamaños. m. En alusión al sexo masculino y la virilidad. También hace referencia al valor. Derivado(s): tamañitos, tamañones.

Tapado. m. A finales del siglo XVII llegó a México don Antonio de Benavides, supuesto visitador del rey de España, a quien después de su muerte le hicieron las "Coplas del Tapado", quizá las primeras del corrido mexicano.

Tejocote. m. Fruto comestible del árbol umbelífero *Prionosciadum*. El tejocote es un fruto fiestero, tradicional y de balsámico olor. En infusiones hechas con aguardiente o alcohol se acostumbra mucho en Puebla. Algunos le confieren cualidades del coñac, sin tenerlas.

Tlalitos. m. De *tlalli*, tierra. Nombre que se le da a los residuos del chicharrón y que aderezan tacos y quesadillas.

Z

Zapote. m. Fruto del árbol del zapote. Etimología: *tzápotl,* cierta fruta conocida. Existen en México más de veinte clases: zapote negro, domingo, blanco, amarillo, chicozapote, de agua, bobo, borracho, agrio, etcétera.

Bibliografía

Aguilar de la Parra, Octavio. *La sombra de Cortés sobre los muros mexicanos*. B. Costa-Amic Editores, México, 1944.

Aguirre Beltrán, Gonzalo. *Francisco Javier Clavijero. Antología*. Sepsetentas, México, 1976.

Aguirre Carreras, Mirta. *Del encausto a la sangre. Sor Juana Inés de la Cruz*. Secretaría de Obras Públicas, México, 1975.

Aguirre Rosas, Mario. *Gonzalo de Guerrero, padre del mestizaje iberoamericano*. Editorial JUS, México, 1975.

Altamirano, Ignacio Manuel. *Paisajes y leyendas. Tradiciones y costumbres de México*. Editorial Nacional, México, 1958.

Archivo Fonográfico, Hemerográfico, Iconográfico y Bibliográfico Edison, propiedad de Jesús Flores y Escalante.

Benítez, Fernando. *La ruta de Cortés*. Fondo de Cultura Económica, México, 1950.

Brasseur, Charles. *Viaje por el Istmo de Tehuantepec: 1859-1960*. Lecturas Mexicanas 18, Fondo de Cultura Económica, México, 1981.

Breve historia de los productos mexicanos en Europa. INAH/OEA, México, 1988.

Cabello Moreno, Antonio. *Panorama musical de la Ciudad de México.* Colección Popular, ciudad de México, 1975.

Cabrera, Luis. *Diccionario de aztequismos.* Ediciones Oasis, México, 1975.

Cabrera, Francisco J. *Puebla y los poblanos.* Edición del Gobierno del estado de Puebla, México, 1987.

Calderón de la Barca, *Madame. La vida en México.* Traducción y prólogo de Felipe Teixidor. Editorial Porrúa, colección Sepan Cuántos, 2a. ed., México, 1967.

Campos, Rubén M. *El folklore y la música mexicana.* SEP, México, 1928.

Carreño, Manuel Antonio. *Manual de urbanidad y buenas maneras.* Ediciones Botas, México, 1944.

Castillo Valera, Eloísa. *Puebla colonial, artística y heroica,* Puebla, 1952.

Cerveza es pureza. Asociación Nacional de Fabricantes de Cerveza, México.

Ciento cincuenta recetas de entremeses y cocktails. Biblioteca La Familia, libros y revistas, Colección Libro No. 1, México, 1944.

Cortés, Hernán. *Cartas de relación de la conquista de México.* Editora Nacional, México, 1974.

Cox, Patricia. *El secreto de Sor Juana.* Populibros La Prensa, México, 1971.

De la Maza, Francisco. *La Ciudad de México en el siglo XVII.* Lecturas Mexicanas 95, Fondo de Cultura Económica, México, 1968.

De las Casas, Fray Bartolomé. *Brevísima historia de la destrucción de las Indias.* Colección Metropolitana 36, México, 1974.

De Valle Arizpe, Artemio. *Sala de Tapices.* Editorial Patria, México, 1947.

De Valle Arizpe, Artemio. *Calle vieja y calle nueva.* Compañía General de Ediciones, México, 1962.

Díaz del Castillo, Bernal. *Historia verdadera de la conquista de la Nueva España.* Editorial Porrúa, México, 1955.

Dromundo, Baltasar, *Mi Barrio de San Miguel.* Antigua Librería Robredo, México, 1951.

Eliot Morrison, Samuel. *Cristóbal Colón, marino.* Editorial Diana, México, 1966.

Estampas de mi tierra. Poemas de Gregorio de Gante. Talleres de la Revista Mignon, Puebla, 1949.

Estrada, Jesús. *Musica y músicos de la época virreinal.* Sepsetentas, México, 1973,

Farga, Armando. *Historia de la comida en México.* Ed. José Inés Loredo y José Luis Loredo, México, 1980.

Figueroa Torres, J. Jesús. *La Fernandita.* B. Costa-Amic Editores, México, 1978.

Flores y Escalante, Jesús. *Chingalistlán.* B. Costa-Amic Editores, México, 1979.

Flores y Escalante, Jesús. *Apuntes e investigaciones sobre títulos y nombres de pulquerías. Acotaciones sobre los aspectos derivados del maguey en la cultura popular de México.* Inéditos, 1964-1993.

García Cubas, Antonio. *El libro de mis recuerdos.* Editorial Patria, México, 1950.

García Rivas, Heriberto. *Dádivas de México al mundo.* Ediciones Especiales de Excélsior, México, 1965.

Garibay K., Ángel María. *Epica náhuatl.* UNAM, México, 1945.

Gómez Haro, Eduardo. *Tradiciones y leyendas de Puebla... y otros poemas.* Ediciones Ibero Americanas, México, 1944.

González Obregón, Luis. *La vida en México en 1810*. Colección Metropolitana, México, 1975.

Guerrero, Raúl. *El pulque*. Editorial Joaquín Mortiz, México, 1985.

Guía del buen comer y mejor beber. La Puerta del Sol, México, 1941.

Historia general de México. El Colegio de México, México, 1976.

Humboldt, Alejandro de. *Ensayo político sobre la Nueva España*. 3a. edición traducida al castellano por Don Vicente González Amao, tomos III, V y VI, Librería de Lecointe, Perpiñán, Francia, 1836.

Icaza, Alfonso de. *Así era aquéllo... Sesenta años de vida metropolitana*. Ediciones Botas, México, 1957.

Iglesia, Ramón. *Cronistas e historiadores de México*. Sepsetentas, México, 1972.

Kolonitz, Paula. *Un viaje a México en 1864*. Traducción del italiano de Neftalí Beltrán, Sepsetentas, México, 1976.

Labastida, Jaime. *Humboldt, ese desconocido*. Sepsetentas, México, 1972.

Leander, Birgitta. *Herencia cultural del mundo náhuatl*. Sepsetentas, México, 1972.

León Portilla, Miguel. *El reverso de la Conquista*. Editorial Joaquín Mortiz, México, 1974.

Liehr, Reinhard. *Ayuntamiento y oligarquía en Puebla. 1787-1810*. Editorial Sepsetentas, México, 1971.

Martínez, José Luis. *Nezahualcóyotl*. Sepsetentas/Diana, México, 1979.

Mendoza, Vicente T. *La canción mexicana. Ensayo, clasificación y antología*. Fondo de Cultura Económica, México, 1982.

Mendoza, Vicente T., y Virginia R. R. de Mendoza. *Folklore de la región central de Puebla*. Centro Nacional de Investigación,

Documentación e Información Musical Carlos Chávez, México, 1991.

Monjarrás Ruiz, Jesús, *México en 1863. Testimonios germanos sobre la Intervención francesa.* Sepsetentas, México, 1974.

Moreno Villa, José. *Cornucopia* y *Nuevo Cornucopia Mexicana,* tomos I y II. Sepsetentas, México, 1976.

Novo, Salvador. *Seis siglos de la Ciudad de México.* Fondo de Cultura Económica, México, 1974.

Nuevo cocinero mexicano. Ch. Bouret, Editor. París-México, 1988.

Ortiz, Fernando. *Nuevo catauro de cubanismos.* Editorial de Ciencias Sociales, La Habana, 1974.

Pastor y Carreto, Luis G. *Puebla, Fragmentos de su historia.* B. Costa-Amic Editores, México, 1968.

Payno, Manuel. *Los bandidos de Río Frío.* Editora y Librería ARS, México, s/fecha, tomos I, II, III y IV.

Peña, Margarita. *Descubrimiento y conquista de América.* SEP/ UNAM, México, 1982.

Peñafiel, Antonio. *Catálogo alfabético de los nombres de lugar pertenecientes al idioma náhuatl.* Oficina Tip. de la Secretaría de Fomento, México, 1885.

Poinsett, Joel Robert. *Te odio México.* Adaptación de Cristina Pacheco. Editorial Contenido, México, 1977.

Prieto, Guillermo. *Memorias de mis tiempos.* Editorial José M. Cajica Jr., Puebla, 1970.

Ramos Malzáraga, Javier. *Yo, Victoriano Huerta.* Editorial Contenido, México, 1975.

Revistas: *El Universal Ilustrado, Tic Tac, México al Día, El Ilustrado Redondel, El Taurino, Sucesos para todos, Revista de Revistas, La Semana Ilustrada.*

Reyes, Alfonso. *Memorias de cocina y bodega.* Fondo de Cultura Económica, México, 1953.

Riva Palacio, Vicente. *Antología.* UNAM, México, 1976.

Robelo, Cecilio A. *Diccionario de aztequismos.* Ediciones Fuente Cultural, México, s/f.

Rodríguez, Alberto A. *Don Pascual o la invasión de Veracruz por los americanos en 1914.* Librería de la Vda. de Ch. Bouret, París-México, 1920.

Rodríguez de Yarce, Camila. *Recetario familiar.* Inédito, Puebla, 1894-1955.

Rodríguez Rivera Virginia. *La comida en el México antiguo y moderno.* Editorial Pormaca, México, 1965.

Salazar Monroy. *La verdadera China Poblana.* Edición particular, Puebla, 1952.

——————. *Santa Mónica. Museo de arte religioso de Puebla.* Edición Particular, Puebla, 1944.

Saldívar, Gabriel. *Historia de la música en México.* Ediciones Gernika/SEP, México, 1987.

Sarmiento, Miguel E. *Puebla ante la historia, la tradición y la leyenda.* Edición particular, Puebla, 1952.

Segura Millán, Jorge. *Diorama de los mexicanos.* B. Costa-Amic Editores, México, 1964.

Soustelle, Jacques, México. *Tierra india.* Sepsetentas/Diana, México, 1980.

Suma gastronómica. Noviembre y diciembre de 1946, números 1 y 2, Editorial Suma, México, 1946.

Tablada, José Juan. *La feria de la vida.* Ediciones Botas, México, 1937.

Teixidor, Felipe. *Viajeros mexicanos (siglos XIX y XX).* Ediciones Letras de México, México, 1939.

Valdiosera, Ramón. *Maximiliano vs. Carlota. Historia del affaire amoroso del imperio Mexicano. 1865-1927.* Editorial Universo, México, 1980.

Varios. *Los Mexicanos pintados por sí mismos.* M. Murguía, editor, Portal del Aguila de Oro, México, 1855.

Vázquez Santa Ana, Higinio. *Fiestas y costumbres mexicanas.* Ediciones Botas, México, 1953.

Von Hagen, Victor W. *Los aztecas (hombre y tribu).* Editorial Diana, México, 1974.

Von Hagen, Victor W. *El imperio de los Incas.* Editorial Diana, México, 1961.

Wagner, Mitzi. *Repostería y dulces.* Sin editorial, México, 1933.

Wilson, Baronesa de. *México y sus gobernantes de 1519 a 1910.* Tomos I y II, Editora Nacional, México, 1973.

Yoma Medina, María Rebeca y Martos López Luis Alberto. *Dos mercados en la historia de la Ciudad de México: El Volador y La Merced.* Instituto Nacional de Antropología e Historia, México, 1990.

Zamora Flores, Leopoldo. *Quinceuñas y Casanova, aventureros.* Editorial Patria, México, 1984.

Zerón Zapata, Miguel. *Crónica de la Puebla de los Ángeles en el siglo XVII.* Editorial Patria, México, 1955.

Nuestro mero mole, de Jesus Flores y Escalante
se terminó de imprimir en marzo 2013 en
Drokerz Impresiones de México S.A. de C.V.
Venado Nº 104, Col. Los Olivos, C.P. 13210,
México, D. F.